LAFAMI BONPLEZI

MAUDE HEURTELOU

EDUCA VISION

LAFAMI BONPLEZI
Author: Maude Heurtelou

Istwa yon fanmi ayisyen ki ap viv Ozetazini/ The story of an
Haitian family living abroad.

Educa Vision Inc.,
7550 NW 47th Avenue,
Coconut Creek, FL 33073
Telephone: 954 725-0701.
E-mail: educa@aol.com.
Web: www.educavision.com

ISBN: 1-58432-260-8

Anvan Ou kòmanse

Lafami Bonplezi se yon woman ki adapte pou teyat, sitou radyo teyat. Nou prezante l jodi a sou fòm woman paske anpil moun ki tande anrejistreman kasèt la vle li liv la tou. Pwofesè yo sitou fè konnen yo ta renmen met liv sa a nan men elèv yo. Noumenm, nou konnen liv sa a pa yon liv lekòl, se yon liv ki dekri lavi nou, lavi nou kòm Ayisyen, nan tout sa ki fè nou fyè, kontan, tris, osnon ki ban nou lespwa, ilizyon, lapèrèz, awogans ak respè.... Kidonk, liv sa a se pou tout moun ki renmen tande osnon ki renmen li sou Ayiti ak Ayisyen. Liv sa a se pou tout moun.

Anmenmtan Lafami Bonplezi se yon istwa envante, li se yon fotokopi kare bare yon aspè reyalite sosyal Ayisyen kap viv anndan kou deyò peyi a. Li kanpe lespwa, kwayans, kouraj ak tribilasyon pèp la anmenmtan li souliyen senplisite, bonte, meskinri, mès ak prejije nou yo tou. Li se yon tablo ki montre penti reyalite nou an yon jan pou fè nou reflechi, ri, fè soupi, souke tèt nou, epi... kontinye viv ak anvi kontribye pou yon chanjman.

Lafami Bonplezi se kanmenm yon fiksyon. Li montre malere ere, rich malere. Li montre moun senp ki pa pase anpil tan lekòl ka reyisi nan lavi a tankou tout moun. Li montre moun bon kè ka reyisi pi fasil pase moun ki gen kè mechan... Li montre ki jan rèv nou ak rèv pitit nou yo ka reyalize menm si nou pa rich. Li raple nou ki jan pitit nou yo ka vin enpòtan nenpòt ki kote yo rete, nenpòt ki kote y ap viv, menm nan peyi kote yo ap viv tankou imigran an. Li montre tou, ki jan nou ta ka jwe jwèt lavi a si nou ta mete tèt ansanm. Li montre ki jan tou pafwa, nou pa nan jwèt la menm pase kat la mal bat... Se zewo n ap fè...

Men, yo toujou di Ayisyen se komedyen, ebyen istwa sa a, se yon apèsi sou komedi lavi nou tou... Lafami Bonplezi pale tou sou lespwa nou gen pou Ayiti ak pou Ayisyen. Moun Bonplezi yo, an byen osnon an mal, toujou ap pale sou Ayiti... Kòd lonbrit yo mare avè l.

Pèsonaj yo pa egziste vrèman, dizon, yo pa egziste tout bon. Men, ou ka wè konbyen moun ou konnen ki sanble avèk yo. Men, se yon koensidans, pa enkyete w.

Lafami Bonplezi egziste sou kasèt tou. Dayè, se pou l te ka pase nan radyo tankou yon pwogram radyo teyat ki fè li ekri nan estil sa a. Li li se yonn, tande li se de. Gen moun ki renmen kasèt yo anpil akòz pikliz konpetans aktè yo ki jwe wòl yo byen....

Liv sa a, se premye nan seri Bonplezi a. Kòm gen lòt evenman ki kontinye ap pase nan fanmi moun Bonplezi sa yo, n ap kontinye mete yo sou papye toujou. Nou espere li va anmize w seryèzman anmenmtan wa tou fè kèk refleksyon ...

Mwen espere tou, moun ki ap li Kreyòl premye fwa yo, va santi se yon esperyans ki mande kontinye pase Kreyòl la se yon lang enteresan epi nou tout Ayisyen nou pale l, menm si gen moun ki ta pito di se Franse ki lang nou... W ap wè tou gen enpe Franse, enpe Angle ak ti kras Panyòl ki makonnen nan liv la tou: Se konsa nou pale, pa vre?

Si pandan w ap li a ou jwenn lide ou pa dakò avè yo, se nòmal, kontinye toujou. Kontinye... Si ou gen kòmantè tou, voye yo moute ba nou...ya va ajoute plis angrè nan jaden an, konsa pwochen tòm nan va gen gou men w tou.

Lafami Bonplezi egziste jodi a gras ak anpil imajinasyon ki moute desann nan riyèl bonnanj mwen. Li rive pibliye gras a sipò epi ak kontribisyon san mezire mari m, Fequiere Vilsaint, ki ede m dekouvri cham ak richès lang Kreyòl la. Mwen te toujou pale l, men, kounye a mwen ekri l... Mwen poko fò non, men m ap fè efò, paske mwen renmen lang nan. Mwen konnen mwen anreta men, m ap rive... Lè m sonje konbyen pinisyon m te pran lè m te timoun, lakay kou lekòl, lè yo te kenbe m ap pale Kreyòl, mwen gen anpil lespwa pou mwen ak tout lòt Ayisyen ki ap dekouvri lang sa a: Nou kòmanse gen plis respè pou li, kidonk, plis respè pou sa nou ye tou.

Mwen vle mansyone non moun tankou Yveline Francis Paul ak Doktè Harry Borno ki te pami premye temwen egzistans Lafami Bonplezi nan vil Tampa. Ankourajman yo ak kòmantè yo te kenbe m fèm. Yo menm, ansanm ak Jocelyne Bastien, Bervin Bastien, Leonard ak Doktè Ludner Confident, Dorothy Borno, Josette, Eunice ak Olivia Laborde, Edouard Jean Pierre, Fequiere Vilsaint ak Josette Toulme, tout te mete tan ak devosyon pou mete Lafami Bonplezi sou kasèt premye fwa nou te anrejistre li a. Yo te fè yon travay estwòdinè ki te mande anpil tan, motivasyon ak solidarite. Mwen voye yon ochan pou moun sa yo.

Mwen te gen anpil plezi ekri liv sa a. Chak tan mwen reli li, se gwo eklatri... epi anpil refleksyon tou... Se yon esperyans mwen pa ka dekri lè tout moun nan fanmi Bonplezi yo ap pale nan tèt mwen anmenmtan. Lè konsa, m ap ekri ak anpresman, sitou omoman evenman yo ap pran yon koub danjre. Moman sa yo raple m grann mwen, Ceres Simonise Pardo, yon granmoun ki te renmen bay lodyans anpil... Ala ri li ta ri si li te la toujou... Men, mwen fè kòm si l la...

Men, gen yon moun, pandan tout tan m tap ekri a, ki te toujou prezan nan lespri m, yon moun espesyal anpil anpil pou mwen, se bon zanmi m epi tonton m ki rele Marcel Pardo ki aprann mwen renmen li ak ekri depi m piti anvan menm mwen te al lekòl. Se pou limenm menm mwen dedye liv sa a ak tout kè m...

Maude

LIV SA A DEDYE

POU MARCEL PARDO

Yon zanmi pou letènite

"Bagay ki pi enpòtan nan lavi yon timoun, apre manje ak lasante, se jwenn lanmou, amitye ak atansyon. Chak moun ki bay yon timoun bagay sa a yo epi ki pran men l pou fè l mache, chante, jwe, li, ekri, dekouvri lemond epi reve, moun sa a, se yon biye lotri gayan li bay timoun sa a. Moun sa a, ou ka venere l men ou pa ka peye l. Men li ka vin pou ou "Yon Zanmi pou Letènite".

Maude

LAFAMI BONPLEZI

Annantran

Te gen yon nèg debyen ki te soti nan vil Miragwàn yo te rele Gwo Sonson. Bon non msye se te Gaston Bonplezi, pitit pitit Wowo Bontan. Msye te ofisye deta sivil nan vil la epitou li te gen biznis kap mache Pòtoprens. Se nan ale vini nan kapital la, yon jou msye te fè konesans ak matmwazèl Marilisi la kay Biwon Bwason, jij depè nan Bwa Vèna. Apre yon epizòd damou ki te tèlman bèl pase bèbèl, Marilisi ak Gwo Sonson te marye yon jou samdi maten nan legliz Sentann. Resepsyon an se te yon evenman wololoy ki te dire tout la jounen nan yon gwo kokenn chenn mansyon nan Rivyè Fwad.

Kòm parenn nòs la te di nan diskou senkant paj li te li a, avni Gwo Sonson ak Marilisi ta pral yon evenman estwòdinè. Men, pèson moun ki te nan nòs sa a pat konprann lavi a ta pral pran parenn nòs la oserye konsa.

La bèl vi ofisye deta melanje ak bèl enstalasyon lekòl menajè Marilisi vin met soupye, te mennen mesye dam nou yo arive fè dis pitit. Onon Leseyè, uit te chape sennesòf. Lavi a te fè yo wè tout kalite koulè, men tout timoun yo te elve ak yon metye, ak yon elevasyon ki pat kanmarad sa pitit pa anpil lòt vwazen te resevwa.

Istwa fanmi sa a te si tan enteresan, moun toupatou kap monte desann nan katye a te toujou ap mande younalòt "Ki nouvèl?"... "Sa kap pase kay lapèsonn?" Lapèsonn, ou ka devinen, se bann moun Bonplezi yo...

Pi bèl nouvèl, sèke yon jou, yon jou tankou tout jou, mesyedam Bonplezi yo derape grenn pa grenn... yo ale laba... Sa se yon bagay moun te dwe prevwa, jan fanmi sa a tap file kap li wo sa a. Men se jan sa te fèt la wi ki te tou dwòl: Ti Jan, pigran an, ki te desann reto detwa fwa deja san siksè, sa vle di ki te koule nan bakaloreya, epi ki tal pran diplòm kontabilite modèn nan CCPP, te rete konsa, yon jou, li pran avyon Amerikann Elayin tankou yon moun kap kouri, kap sove, ki vle disparèt nan sikilasyon an. Distans pou vwazinay gen tan konprann sa kap pase, distans pou zen an gen tan rive kay madan Wobè nan pwent kafou a, kat lòt gen tan pati ankò.

Oo, gen lè gen yon ijans!...

Bon, se machann fresko ki anfas riyèl Jadin nan ki bay tout moun zen final la: "Bon, tout moun pati!" Yo kite man Sonson ak Gwo Sonson dèyè!

Men, kote sa te enpètinan, dimwen se sa moun nan katye a te panse, sèke lafami gade moun dwat nan je, pèsòn moun pa eskize yo devan la sosyete, yo vire do yo, y ale; yo pa janm di ni sobo, ni badèt! Yo pa rete ak moun, haannn! Pa de kòmantè!

Men, moun ki konn fanmi an byen fè konnen gen youn ki rete dèyè toujou. Jera. Sa ki pwofesè lekòl la....

Paske lafami Bonplezi te nanm ak lespwa katye a,
paske tout moun te toujou renmen konnen sa kap pase nan
fanmi sa a, gen moun ki te toujou kontinye bezwen konnen
sou "lè Bonplezi." Yo kontinye ap mande Ayisyen ki antre
sot laba: "Eske ou konnen "lè Bonplezi"? "Eske ou wè yo?"
"Sa y ap fè nan peyi blan an???" Mwenmenm kap pale la a,
m pat janm te konnen yo, men mwen vin sètoblije chache
konnen yo.

Sa ki gen debon nan fanmi sa a, se jan li sanble ak
anpil moun mwen konnen, ak anpil moun ou dwe konnen
tou. Istwa "lè Bonplezi" si tan enteresan, tèlman Ayisyen
natif natal, sa fè nou vle kase ti moso ba ou. Fanmi an enstale
toupatou Ozetazini ak Okanada sitou.

M pa konn si ou abitwe wè sa, men, nan tout fanmi
toujou gen kay youn kote tout moun alawonn renmen reyini
detanzantan. Bon, nan moun Bonplezi sa yo, se kay Jan, Ti
Jan pou lèzentim, tout moun toujou vide. Menm lè Gwo
Sonson ak Man Plezi rantre Ozeta, se toujou kay Ti Jan yo
desann, menm si se pou yon premye eskal...

Ti Jan ak madanm li, Kamèn, rete Miyami. Se la Pòl
ak Ti Gaston rete tou. Gen lòt ki Nouyòk, ki Chikago, ki
jous Kalifòni. Solanj li menm Monreyal. Sa vle di, gen
anpil ale vini nan fanmi an, anpil dewoulman. Pare kò nou!

Jodi a, an 1992, plis ke ventan depi Ti Jan te pati kite
Ayiti, depi li te marye ak Kamèn (Tika pou lèzentim), msye
gen tan gen 48 an, li gen tan gen twa pitit... Se pa blag, tan
an pase kou yon toupi chaje kouleba ak evenman... Se li ki fè
chache twaka lòt moun yo... Se pa de peripesi men, jodi a
papa, tout moun rive... Li fè devwa l ak fanmi li!

Men, kòm parenn nòs manman l ak papa l te di nan diskou memorab li te fè jou nòs la, anpil lòt sipriz gen pou vini. Lavi a fèk koumanse. Jodi a, venntwazan apre vwayaj sa a, lafami Bonplezi pa menm moun yo ankò. Tout moun fè wout yo, tout moun ap viv yon lòt kalite reyalite. Genyen nan fanmi an ki pase difikilte tou. Se yon fanmi ki fè tout kalite esperyans. Istwa Dayiti a pase nan pla men yo, lakay yo, nan lavi yo. Moun Bonplezi sa yo, yo reprezante tout kalite Ayisyen, tout klas, tout kouch, nan tout sans. Se moun, si ou pa konnen yo, fòk ou chache tande pale de yo. Mesyedam lasosyete, Lafami Bonplezi!

Jodi a samdi, senkèd lapre midi, nou lakay Ti Jan.

CHAPIT 1

Fanmi An Gen Prensip

Tika   Jan, ki jan ou kal konsa a, m pa renmen lè ou chita konsa a, men w nan machwa w, w ap kalkile a non? Ki pwoblèm ou, aki sa w ap panse?

Jan   Kamèn, m pa renmen lè ou entewonp mwen nan panse m. M plen bagay kap trakase m, epi se pa tout lè m ap panse m anvi pale!

Tika   Non cheri, ou pa bezwen fache, se paske mwen wè depi kèk jou, ou pa nan bò isi menm, mwen enkyete…

Jan   Wi, ou te dwe enkyete vre. Lè yon moun gen twa pitit Ozetazini, Bondye pou ou, youn nan yo pa nan dwòg, ni nan desis kole, ni nan detwa kole, se yon benediksyon! Men, se pa tout. Kounye a, Stiv pare pou l al nan kolèj la a, se nou ki te mete l sou tè a, se nou ki pou ba li wout pou li reyisi. Mwenmenm se zafè avni pitit mwen ki nan tèt mwen... Yon timoun ki si entelijan konsa, machè!

Tika   Atò pwoblèm nan se paske nou pat konnen pou nou te met kòb apa pou kolèj la, wi! Isit pa tankou Ayiti. Anayiti, m sonje, moun pat bezwen kòb... M krè inivèsite gratis... men fòk ou te gen piston! Se yon sèl bagay ki rete m la a, se lapriyè... M ap lapriyè tou.... M ap lapriyè jouk li jou. Fòk nou jwenn yon jan pou n jwenn kòb kolèj sa a. Mwenmenm, kote ou wè m ye la a, se Sen Jid ki tout mwen. Lè m te konn ap mache nan sobwe Nouyòk, osinon m al fè makèt apye pot moute rive jous nan senkyèm etaj bilding nan, tout sa m te konn al fè, Sen Jid te toujou avè m. Fwa sa a, l ap avè m kanmenm!

Jan   Ebyen lapriyè! Mwenmenm, fòk m bay kò m mouvman kanmenm. M pa ka kite bagay sa a ap trakase m. Fòk Stiv al nan kolèj kanmenm...
              ...Bon Tika, kite refren pran kantik, apa moun nou yo pa rele? Ou krè sa pa fè de semèn depi yo youn pa rele la a...

Tika   Ti Jan, ou konn bagay la byen pwòp, Fanmi ou yo pa telefone isi a prèske.... Afè de voye chèche fanmi Anayiti pou vin mete l anba vant ou a, sa se yon bagay pou pèsonn moun pa fè... Kounye a, nou pran leson... Tout moun mwen konnen di menm bagay la: Kou yo rantre, yo tounen fwèt pou kale w apre! Anvan yo vini, lè ou te konn rele yo nan telefòn, yo te tout a ou, pa vre, yo te renmen ou, pa vre, m te pi bon madanm ou te ka genyen, pa vre? Ou fè chèche yo, epi kounye a, yo gen lavi yo y ap mennen. Yo pa gen tan pou nou.... Yo gade nou pa dèyè....

Jan   Gen de fwa m ap mande m si nou toujou
renmen youn ak lòt jan nou te ye Anayiti a. Andire nou
tankou lenmi. Nou pa wè lavi a menm jan, nou pa dakò
soumenm prensip yo ankò. Aaa! Sa k ta di sa!

Tika   Bon, kote w kite youn pa konn lòt ankò a?

Ti Jan   Afè de tonton, matant, kouzen, marenn, tout
sa bliye! Antouka, pitit nou yo se Ameriken yo ye se vre,
men nou vle yo elve tankou Ayisyen tou. Yo mèt pale Angle
kou rat, se pou yo kenbe prensip ayisyen yo epi se pou yo
pale Kreyòl ak Franse a nonmalman!
                ..Ki fè, ou pa pran nouvèl moun yo Tika?...

Tika   Non. M fèk di w yo pa rele. M pat rele yo
non plis... Fanmi an fin degrennen. Se sèl Gaston ki kenbe
kontak avè nou.... Sa w ap fè, w ap rele l?

                            tòk tòk tòk...

Tika   (a*p pale poukont li awotvwa*)
O, ou krè se ta Gaston? Jan moun nan frape a, fòk se li....
…Gaston, apa ou, kounye a nap pale de ou,
kote ou ye konsa a...

Gaston   M la wi, m panse a nou anpil men, sèjousi, m
trè zokipe. Mwen te gen detwa reyinyon tou, ou konnen, nèg
ap feraye...

Tika   Men Sonson, ki sa kap pase konsa a, alèkile m
pa tande anyen k serye non de peyi a. Tanto you bagay,
tanto yon lòt, kilè yon bagay debon ap resi rive Anayiti?

Gaston   Rete non, rete wa wè, la rive. Klou a poko mi. Lè li mi, l ap pete, lè li pete, fyèl kalmason an va pete tou... Yon bon peyi konsa pa ta ka peri, machè....

Tika   Sonson, vin manje non, men m fèk kuit you bon diri ak dyondyon ak chevrèt la a, li tou cho. Epi m gen yon ti legim berejèn ak krab tou, bonkou sòs, ak bonkou piman, vin non, vin manje avèk nou.

Jan   Ou konnen se bagay madanm mwen renmen, li renmen wè tout fanmi an ansanm, bò tab la... Podyab, li te toujou reve wè nou rete ansanm... men gen nan nou ki vle fè wout apa...

Gaston   Monchè Ti Jan, m pa kwè nan bagay sa yo. M konprann nou ka fwistre paske se ou ki te voye chache prèske tout moun nan fanmi an... Petèt ou dwe te gen kèk pwojè pou chak moun....(vwa konpreyansif)... Men monchè, ou pat oblije fè tout sakrifis ou te fè yo, pran de dyòb, travay lejou kòm lannuit, fè madanm ou pase kont mizè nan bwote timoun yo nan gadri... Lè m imajine mizè oumenm ak Tika dwe te pase nan Nouyòk, m gen anpil apresyasyon pou nou, men, fòk mwen di nou, mwen plis kenbe kontak ak nou paske mwen renmen nou ke paske nou te fè m vin isit.... Fè yon paran ki Anayiti antre isit se yon devwa. Men li pa yon rezon chantay. Mwenmenm, m pa kwè nèg te dwe ap pèdi tan yo ap plenyen... An nou met tèt ansanm pou nou viv. Nou gen yon peyi pou nou bati monchè!.. Menm si nou chita bò isit, kòd lonbrit nou mare ak Ayiti Toma!..
... O, Tika, ou ban m twòp manje! O non, kote kouray... Manje w bon, se vre, men, si pou m ta manje tou sa, m ta malad... Non... oo, gade lwil... aaa, machè, ou mèt kòmanse

fè yon ti ralanti sou lwil wi, paske, tout lwil sa a, ka vin yon
kòz maladi kè, wi...

Tika   Ou wè, se sa m renmen avè w la, gade kou ou
vini, ou ban m yon bon konsèy... Mwen pa gen tan pou m fè
nouvèl ni pou m li gwo liv entelektyèl yo, m pa konn sa kap
pase deyò a byen, men, mwen enterese aprann... Ki lòt
konsèy ou ta ban mwen ankò?

Gaston   Machè Tika, manje a bon wi, pwochèn fwa a,
pa ban m tout sa.... epi ou pa bezwen met tout lwil sa a
nonplis... Ou pa wè jan Jan vin gen gwo vant. Sa pa bon.
Yon jèn gason konsa, apenn si l gen karant an epi lap mache
ak yon vant sou moun. Se pa serye sa non!..

Jan (*manyen vant li epi li vire konvèsasyon an*)
Sonson, si w gen yon ti tan, fè yon ti pale ak Stiv pou mwen,
non. Ou konnen li vle al nan kolèj, mwenmenm, tout sa l
vle, m vle, men, ou konn bagay sa yo plis pase m... (Jan fè
jès leve pou l al rele piti gason l lan, Stiv)

...*Stiv, vin pale ak ton Sonson...*

Gaston   Enen enen, Tann tann tann. Pako... Ann
reflechi sou sa plis, antre nou kòm granmoun. Na gen tan
pale de sa...
(*li chanje sijè pandan l ap mete gwo kout kiyè nan legim
berejèn nan*)
...Monchè, m toujou admire wè ki jan oumenm ak Tika fè
timoun yo pale ni Angle, ni Kreyòl, ni Franse, ou pap fè ou
yon lide ki jan sa fè m santi m pre ak timoun yo... M santi
timoun yo se Ameriken, men .... yo se Ayisyen tou. Se
lespwa Ayiti yo ye... Timoun sa yo, demen, lè ya vin

kongrèsmann, osinon prezidan Etazini tou, poukwapa, ya
sonje Ayiti, ya sonje respè manman yo ak papa yo te gen pou
Ayiti, ya trete Ayiti ak plis respè. Ya bay peyi a jarèt.

Jan   Monchè, m pa di yo sa pou yo fè, non. Yo
gen bon nati... Yo se bon timoun...Yo toujou renmen lekòl,
yo toujou chwazi bon zanmi, m pa gen anyen pou m
repwoche yo. Yon sèl bagay mwen ak madanm mwen nou
kwè anpil nan aprann timoun yo respekte nou. Pou nou, sa fè
pati de respè a ke yo tande pale de Ayiti ak fyète epi nan bon
timamit, ke yo ka pale ak rès fanmi an an Kreyòl lè yo al
Ayiti, epi ke yo idantifye tèt yo ak pèp Ayisyen an, menm
jan yo se Ameriken tou, m pa ka bay tèt mwen manti sou sa.

Gaston   Monchè Ti Jan, lòt jou m rele manman,
monchè, fòk ou ta wè ak ki plezi granmoun nan pase tout tan
an ap esplike m ki jan Stiv ba l gwo lodyans nan telefòn.
Monchè, sa fè granmoun nan viv. Paske, gen anpil
granmoun ki pa ka pale ak pitit pitit yo. Timoun ki Okanada
yo pale yon Franse bwòdè. Sa k Ozetazini yo pale Angle,
epi, nan bagay sa a, timoun yo pa ka pale a granmoun yo...
Anpil fwa, granmoun yo se Kreyòl sèlman yo pale.

Tika   Bon, gendelè granmoun nan konn nan kay la
yo pa konprann sa timoun yo ap di.... Bon, e lè yo voye
chache granmoun yo pou okipe timoun yo men timoun yo pa
menm gen respè pou granmoun yo menm?! Non, sa pa dwe
fèt paske nan peyi nou, granmoun se granmoun!

Jan   Sa sa vle di "granmoun se granmoun?"

Tika   Sa vle di, granmoun reprezante yon pakèt afè.
Granmoun se leta, wi, sa te ye lontan! Ou pat menm ka gade

yo lan je menm, Bon, ou sonje, gen de bagay, m pap di ki sa,
lè yo te konn fè l, se timoun ki te konn di padon... Men,
kounye a granmoun yo gen lè pa vo anyen ankò. Antouka,
tout timoun nou yo ka pale ak Gwo Sonson epi ak ManPlezi
alèz.

Gaston   Non, granmoun yo renmen sa nèt...
(Li chanje sijè) Bon. Jan, èske w ap swiv evenman kap pase
nan Florida a? Yo di m se pa de Ayisyen, non, kap debake
papa, epi gen de yo, se depi nan wout yo pran yo, yo tou
kenbe yo nan baz Guantanamo a. Fòk ou ta wè, m te fè yon
rive, monchè, gason kriye... gason pa ka wè soufrans sa a...
Men, m kriye pou la dènyè fwa! M pat panse pèp mwen an
ta gen pou l pase plis mizè toujou...

Jan   Ki fè ou gen tan ale jous Guantanamo?

Gaston   O o, m ale Guantanamo, m ale Kwòm, m
aleSendomeng. Non, fòk m tal wè ak de je m. Kounye a m
konn de ki sa moun ap pale. Kounye a m konnen, kèlkeswa
sa yon Ayisyen panse li ye isit, li mèt kwè l se gran nèg, pap,
gwo zouzoun osinon Kanson Fè, li pa anyen vre, toutotan
pèp li a nan trepa sa a. Tout Ayisyen alawonn genyen yon
dyakout pwoblèm kolektif ya p pote, s il pa pote l sou tèt li,
li pote l sou kè l, si li pa pote l nan kè l, l ap pote l nan nanm
li!... M fin pale, wi, tout Ayisyen alawonn!

Jan   Sa ou di a se vre, wi. Depi ou di yon moun se
Ayisyen ou ye, si sitiyasyon ou pa pi mal, li di ou: "se pa vre,
m pap kwè ou, ou pa Ayisyen"... Kòm si yo pa ka imajine
ankenn Ayisyen gen yon vi nonmal! Sa se derespektan sa...
Bon, ban m nouvèl Magarèt?

Gaston	Li byen wi. M wè l ap boule.

Gaston   Li byen wi. M wè l ap boule.

Tika   Bon, ki jan, Gaston, ki lè w ap ba l dat la?

Gaston   Dat ki sa?

Tika   Ou konnen byen pwòp, dat maryaj la. Se pa jodi a ou renmen ak dam nan, fi a ap tann joustan l tounen pwatann, yon mo pa ka sòt nan bouch ou!... Tout sa w ap fè, li la avè w, monchè, ou te mèt marye avè l..

Gaston   M a marye. Ou pa bezwen prese. Ma fè ou konnen....

Jan   Aa, jan ou pale la a, pita, lè m rele manman nan telefòn, m mèt tou ba l nouvèl la...

Gaston   Men non monchè. Aa, m pa sou marye kounye a. M pa gen anyen ki prese m. Magarèt se yon bon moun, se vre, men, mwen renmen pran san m...

Tika   Alò, pou ki sa ou oblije gate avni fi a? Fi a pa yon timoun piti ankò. Li gen metye, l ap travay nan inivèsite, li fin rive kote l ta prale a, ou mèt fè sa monchè!...

Gaston   Men Tika, ou pa serye non... Ki jan m gate avni l la a? Lè yon fi ak yon gason aksepte pataje tan yo ak enèji yo, menm si yo pa marye, depi se pa fòse ou fòse moun nan, pa gen abi, m pa wè ki sa m fè l la a, m pa wè ki jan pou avni l gaspiye la a.... M pa nèg kap bay manti, kap fè pwomès, kap mete blòf sou blòf. Dam nan se menaj mwen, se tout. Mwen poko ni ap marye, ni ap fè pitit, m gen lòt defi map chache nan lavi a. Pandanstan an, li mèt al chache defi pa l tou. Pèfeksyone l, aprann yon lòt metye, fè sa l renmen. Oo, sa l ye la a...?

...Men, si se maryaj ki yon prèv li reyisi nan la vi a, se pou li al chache yon moun ki bezwen marye prese prese, menm si moun nan pa renmen l, menm si moun nan pa respekte l. Epi si li bon pou li, la wè l...

...M pa ka konprann afè kou yon fi gen dizuitan se yon nòs lap tann nan. Kilès ki pral responsab ba l manje, ba l bèl kay l ap vle a, achte bijou epi ak soulye tout koulè yo? Atò fòk se mwen? Se pou fanm al aprann responsab tèt yo, se lè sa a yo ka kole tèt ak gason yo renmen an pou yo reyisi ansanm tankou de asosye...

(Gaston mande dechennen, li move tout bon kounye a, li pran chenn pou kont li... Tika mete men sou bouch li tankou li regrèt li te pale. Ti Jan ap jwe ak manch fouchèt la, tankou li ap eseye jwenn pa ki fason li ta chanje sijè a).

...Oo, sa se jèfò sa rele. Medam yo, se lè yo pran yon desepsyon nan lavi a yo al aprann yon metye. Andire maryaj la se premye metye a... Men, si fanm te konnen, yo ta chache gen yon metye anvan yo chache marye. Paske, pa gen anyen ki serye nan yon gason. Pa gen mirak. Yon gason se yon moun kap chache fè wout li tankou tout kretyen vivan. Li pa gen yon dyakout bonè anba bra l!...

(Msye kòmanse bese vwa l, tankou li fin eksite epi li ap kalme pou kont li. L ap pale pi ba tou....)

...Mezanmi, anpil fanm fè erè sa a, men yo pat dwe ap pran nan tonton nwèl toujou.... Antouka, pou yon fi enterese m, fò l gen metye. Si se chache l ap chache yon mari tankou se ta

yon poto pou l apiye, li sou move pant... Se pa mwen la
jwenn!...

Jan   *(Resi rive entewonp Gaston)* Tika, kite
Sonson anrepo, tande. Ou fè l tèlman ap fè movesan la a, ou
anpeche l manje. Podyab, li fin postiyonnen tout grenn diri
yo sou tab la, gad sa w fè...

Tika   *(Ak regrè)* Ebyen Sonson, lè ou vle n a vle.
M a lapriyè Sen Jid pou ou. Se yon bon sen, wi. Si ou sou
kont li, lavi w ap dous tankou vlou...
...Atò, m konprann Sonson wi. Magarèt la ou ti jan twò
entelektyèl. Li pa mete l ou jan pou l antre nan bonnèt
Sonson tou. Gade dat yo ansanm, li ta ranje kò l pou li
ansent… Moun nan pa sòt.... Li konn trè byen sa pou l fè, se
li k vle sa...

Gaston   *(Repran dife pi rèd ankò)* Wouy, Tika, ou fè
tout san m bouyi. M pa vle moun fè m fè anyen anvan lè
m… M renmen Magarèt. Mwen vle gen timoun yon jou,
men, mwen pa vle marye paske Sen ki sa ankò a mete
madichon sou mwen osinon paske yon timoun vin sèvi m
lasini. Non, non e non! Mwen vle marye paske mwen pare.
Mwen vle gen timoun paske mwen pare. Si yon moun pa
dakò, al marye ak Kesedyo!
          *(Telefòn nan sonnen, sa entewonp Gaston...
Ring.... Ring.... Ring. Ti Jan al pran l).*

Jan   *(Vwa msye enkyete la menm)* Alo? Yes. Jean
Bonplaisir speaking...When did that happend? ....Where is he
now?... Seriously wounded...??? ...St Joseph Hospital?...
Emergency? ... O God!... We're in our way...

CHAPIT 2

Tout Fanmi Pa Fanmi

Stiv, pitit Ti Jan ak Tika a fè yon aksidan!... Li te ak yon ti
zanmi, yon timoun menm laj avè l ki rete sou katye a. Ti
jennonm sa a, yon ti blan, se yon ti tèt chaje. Li twouve pran
machin papa l, li al kondui li alòske li pa menm gen lisans.
Epi li fèk kòmanse ap aprann kondui.... Nou konnen ki jan
timoun ye lè yo kòmanse aprann kondui!... Msye al pase
yon limyè wouj!... Machin nan kraze nèt nan aksidan an.
Stiv frape kou li seryezman, yon janm li gen lè kase. Se
lapolis ki te telefone kay Ti Jan an pou anonse sa. La menm,
Ti Jan, Tika ak Gaston derape nan lopital la kou moun fou.

Gaston menm gen tan rele Pòl, lòt ti frè li a ki doktè a, pou li
vini sou plas pou ba yo sipò. Tout moun kaponnen... Lè yo
rive lopital la, Ti Jan ap tranble nan kanson l paske li renmen
piti gason l lan anpil. Tika ap chante yon kantik Sen Jid,
tèlman li dezanpare. Gaston pa ka wè bagay sa a, tout san sa
a ka p koule nan *Emèjensi Woum* nan, li vire l ale deyò a... Li
pa kapab rete asiste bagay sa a...

Fanmi an tèlman eksite nan lopital la, yo fè tout moun rete

deyò, sòf Pòl, kòm li se doktè yo kite l rete pre Stiv. Sandra menm menm, madanm Pòl la, depi li pran nouvèl la, li gen tan kouri vini tou. Depi tan m pale w la, Tika, Ti Jan, Pòl ak Sandra san pozisyon...

Pòl al pale ak Ti Jan, Tika epi ak Sandra nan koulwa lopital la...

Tika   Aa, Pòl, se Stiv tou ki pou ta fè w avè nou aswè a... Pòl, èske pitit mwen an ap sove, èske li ap pot mak?

Pòl   M pale ak doktè yo... nan de semèn msye ap anfòm, ou pap menm sonje tablo sa ou sòt wè devan w nan la a. Msye ap sou pye l byen vit. Pa chaje tèt ou tande...L ap gen ti mak, se vre, men lap geri. Se mwen ki di w. Ti mak sa yo pap enpòtan...

Jan   Pòl, èske l ap kapab aprann lekòl toujou? Kote l frape a nan sèvo l la, se pa bò entelijans li? Li tèlman entelijan, m ta toujou renmen wè l rive yon nonm demen. Si yon bagay rive piti sa a, m mèt tou mouri!... Gade li pral nan kolèj la a, se tout yon evènman pou nou pran tout ekonomi nou pou nou voye l Avad, se la yo aksepte l epi se la li vle ale, jous nan eta Masachisèt...

Sandra   *(Yon jan ap iwonize Ti Jan ak Tika ki se malere)* Tankou li pral vini you gwo doktè konsa? ..Oo...? Konsa menm? Se pa blag.!... Ala de lavi en...!

Tika   Nenpòt ki sa li vle. Nenpòt. Mwen sèlman vle wè pitit mwen an antye, san manke moso. Onon de Sen Jid...

Sandra   *(Ap iwonize Tika pou kwayans li nan Sen Jid
la)* Bon, kot Sen Jid te ye lè aksidan sa a? Se li ki patwon
tout kòz ou...

Tika   *(Ki deja genyen lapenn pou Stiv epi li santi
              Sandra ap pase l nan betiz met sou li)*
Li te la, li te la. Ou wè Stiv pa mouri. Li te la...M ap kontinye
rele l, m krè nan li...Ma rele li...ma kontinye rele li... Sandra,
mèsi anpil... Ma rele li, ma rele li pou ou tou. Ma lapriyè
pou li ka fè ou pa janm konn doulè kriye pou pitit, tande!

Pòl   Jan, ni ou, ni Tika, nou fè gwo emosyon.
Chita deyò a pito. Kite m rete anndan an kòm doktè. Ma p
pral jwenn Stiv, m ap fè yon rete avè l. Al pran yon ti van
deyò a nan lakou lopital la. Kite m pale ak chirijyen an...Kite
tout bagay sou kont mwen, tande... Se tankou se pitit mwen
tou, m gen lapenn pou li tou. Men, mwen konnen li pa
andanje, nou mèt rete kal...

(epi Pòl chanje lide) ... Bon, pito nou ale... antre lakay nou,
ma rele nou kou li sòti nan saldoperasyon... Ale non, kite l
dòmi. Yo fè k ba l yon medikaman la a, kite l dòmi.

(li vire pale ak Sandra) ... Cheri, ale ak mesyedam yo, non.
Al fè yon ti rete ak Tika. Ti Jan va depoze w lakay apre, epi
m gen pou m fè yon rete pale ak yon kòlèg la a tou. Fè yon
rete ak Tika lè ou rive lakay li, wi. Pale avè l, ou se manman,
ou ka konprann doulè l.

Sandra   Paul, je comprends que tu veuilles rester mais
tu n'as pas besoin de dire que Stiv est comme ton fils, il n'est
pas ton fils. D'ailleurs, tu as trois belles et intelligentes
petites filles! Ensuite, pourquoi tu ne demandes pas à Dr

Maglio de me ramener à la maison de préférence. Tu sais bien que les chaises des voitures japonaises me donnent mal au dos... Ce n'est pas ce que tu m'avais dit...

Pòl   Sandra, ce n'est pas le moment... Veux tu essayer de comprendre. Fais ça pour moi. Je te reserve une récompense plus tard, ok chérie...?

Ti Jan   Sandra, si tu es si inconfortable dans notre voiture, attends docteur Maglio... Tu sais, avec nous, il n'y a pas de problème...

Sandra   Eh bien d'accord, je reste. J'attends docteur Maglio.

Tika   C'est très bien, Sandra, merci d'être venue. Merci pour tout... Embrasse les trois belles intelligentes petites filles pour moi. Je les aime beaucoup!

Pòl   Sandra, je veux que tu ailles avec Ti Jan. Je ne demanderai pas a John de te reconduire. Il est un collègue, en effet, mais il n'a aucune responsabilite de te reconduire. Et c'est tout ce que j'ai à dire!.. Bon, allez, à plus tard!

Ti Jan, Tika ak Sandra kòmanse mache pou yo ale. Men Sandra ret nan wout. Li pa renmen lide pou l monte machin raz sa a... Pòl menm, konprann li ale, li kage sou chèz li nan yon sal konferans tou pre chanm kot Stiv ap repoze a epi li pran telefòn nan pou l rele Gaston.

ring..... ring..... ring....

Pòl   Sonson, se Pòl. Kote ou ye konsa a...? Ou te
la a epi ou ale...

Gaston   M la, monchè. M te la, men, m kite, m kouri
vini lakay. Ou pa konnen Tika ak Ti Jan fèkap pale m de
Stiv la a. Yo fèkap mande m pou m pale avè l sou pwojè
Avad la epi gade sa k rive!... Monchè, m senti m
dekonstonbre... Sa fè m mal anpil, Stiv ki fè aksidan an. M
te la avèk yo lè yo ba yo kout fil la, m akonpaye yo lopital
la... Monchè m rete pou kenz minit konsa apre, m ale. M pa
konn ki sa pou m di, ni ki sa pou m santi, m pito ale. M pa
bon menm nan ka sa yo...Se kòm si pandil lavi mesyedam yo
rete... Epi, mwen pa ka wè san.

Pòl   Monchè, m lopital la jouskounye a. Map
gade Stiv la a, ki manke mouri, sa fè m lapenn... Men mwen
konnen tou li pa gen anyen grav, li pap mouri pyès..! Ou
konnen se yon timoun m renmen anpil.... M regrèt dèfwa m
pa gen tan pou m ta ba l plis konsèy. M konsidere se tankou
pitit mwen li ye, m te toujou anvi genyen yon piti gason...

Pandanstan an, Sandra ki pat ale vrèman, te rete yon jan an
ranka, ap epye Pòl, se toujou konsa. Ou konnen manmzèl
toujou konprann ka gen yon lòt fi ki ka vle pran Pòl nan
men l... Kidonk, li toujou ap veye sa msye ap di nan telefòn.
M pa bezwen di w jan li vekse lè l tande Pòl ap di "li ta
renmen gen yon pitit gason." Oo, manmzèl parèt kareman, li
entewonp konvèsasyon an. Pòl tou reyalize li antrave... li
gen tan di Gaston, l ap rakwoche, l ale. Li mete l alekout pou
l tande sa Sandra gen pou di l.

Sandra   Pòl, ki fè, twa bèl pitit fi m yo pa moun? bèl
timoun sa yo ak bèl cheve, bèl koulè sa a pa ase pou ou?

Kouman w fè ap admire pitit lòt moun, moun ki ap bat dlo pou fè bè, moun kap kole pyese pou yo parèt? Se pitit moun sa yo ou renmen? Pòl, m wont pou ou, se sa ou fè m, mwenmenm Sandra, ou pase pitit mwen yo anba pla pye ou?

Pòl   Sandra, je veux que tu te taises. D'abord, ne me parle pas comme ça à l'hopital, ensuite ne parle pas de ce ton de ma famille...

Sandra   Quelle famille? Tuip!...des jens qui habitent la rue Martin Luther King? Nous ne pouvons même pas aller les visiter, tellement le quartier ou ils habitent est dangereux!

Pòl   *(ap eseye kenbe kal li)* Sandra, je te somme de te taire... tu es en train de reveiller Stiv, tu es en train d'alerter tout l'hopital, tu te rends compte, les passants nous regardent. Aie un peu de décence..

Sandra   *(vekse)* Mais c'est toi qui es indécent. Tu as le courage d'insulter nos enfants, penses y, nous les avons elevées comme des princesses, elles jouent au piano et font la danse, jouent au violon et font le théatre, la gymnastique et la peinture... et tu as le courage de ne pas apprecier cela...

Pòl   *(ap pale ba, li ta renmen kalme Sandra, li konnen manmzèl siseptib sou afè pitit gason yo pa genyen an)* Sandra, il n'est pas question de ne pas apprécier les enfants... je les aime, je les adore... Je disais tout simplement à Gaston que j'aime Stiv. N'ai-je pas le droit d'aimer mon neveu? N'ai-je pas le droit de sentir et d'être libre de mes sentiments... Dieu!... que tu es difficile!

Sandra   Non mais, tu as du toupet, Pòl, me trouver difficile? C'est toi qui a pris ton téléphone, profitant de mon absence, en présence d'un soit disant neveu, tu t'es mis à raconter a qui veut l'entendre que tu as toujours voulu avoir un fils. Ne vois tu pas comment tu es un lache de trahir ta famille comme ça pour un quidam...

Pòl   *(Voye je gade pou wè si Siv pa reveye)*Sandra, tu m'énerves... Si Stiv se reveille je ne te pardonnerai jamais cet incident...

(Stiv bouje, li eseye chanje pozisyon, li louvri je l epi li ap gade toupatou. Li yon jan soule ak piki yo ba li a. Pòl apwoche kote l. Sandra swiv Pòl. Stiv gade Pòl ak Sandra, li pa rekonèt yo byen men li pale kanmenm).

Stiv   Dad, dad, what is happening to me?.. I am scared… I feel strange... what happened? ...J'ai peur...

Pòl   What do you feel, Stiv?

Stiv   I am scared... Where is mom?

Sandra   *(enève)* Pòl, dis lui que tu n'es pas son père au moins!
                              (Pòl pa okipe l menm)

Stiv   Am I going to die, dad..?

Pòl   Nop! You're just find. You are going to the operation room... and everything will be all right...

(Stiv gade alantou l, li rekonèt Sandra ak Pòl kounye a)

Stiv   Aunt Sandra, where is mom?.... I need mom... I need to talk to mom...

Pòl   Stiv, relax. Mom and dad are coming...I am your uncle Pòl and I am with you. Everything will be all right.... Relax... Hold my hand... I am here with you... Close your eyes and relax...

Stiv   Aunt Sandra, I feel sick... headache.. help me please ... big headache...

Sandra   *(Ak yon ton mechan, san kè)* Don't worry, everything will be all right.

Stiv   Would you pray for me?... Where is mom?

Sandra   I don't pray any St Jude, I don't pray...!

Stiv   *(Ap reveye ofiamezi)* What happened to me?

Sandra   It happened that you are a bad boy...

Pòl   *(Vle fè Sandra soti kot Stiv la)* .Sandra, please step out...Sandra, va appeler Carmène, dis lui que Stiv est réveillé.

Sandra   *(ap fè wòklò)* Pourquoi tu n'appelles pas toi même?

Pòl   *(ap manje dan l)* Bien sur, honey...
                        ring... ring... . ring...

Pòl   Jan, Stiv fèk leve la a, mwenmenm ak Sandra
nou avè l la a, l ap mande pou ou ak Kamèn, Ou mèt vini,
vini kounye a anvan li antre nan saldoperasyon an.

Pòl sòti deyò. L al tann mesye dam yo. Li kite Sandra. Epi,
li pa ka sipòte atitid Sandra a, li twouve l san kè...
Pandanstan an, Sandra rete nan chanm lan, lap pale ak Stiv...

Sandra   En tous les cas c'est très mauvais ce que tu as
fait, si tu étais mon fils je t'aurais puni, m tap ba w yon kal
pitit, ou pa tap gen dèyè ankò... mwen t ap rache po dèyè w!

Stiv   I didn't do it on purpose...

Sandra   Je sais... mais... c'est mal élevé ce que tu as
fait, c'est comme ça qu'on tourne mal demain... ti feneyan!..

*   *   *

Ti Jan ak Kamèn rive. Men, distans pou yo wè Stiv, li gen
tan lè pou l al nan saldoperasyon. Tika gen tan di yon sèl
fraz:

"Mwen renmen w Stiv, ou se lavi m ou se lanmò m." Li leve
de bra l ak de je l anlè epi, li di: "Sen Jid papa... m sou kont
ou, pitit ou a nan men w"!

Ti Jan ak Tika deside rete sou plas jouskaske Stiv sòti nan
saldoperasyon an. Pòl ak Sandra ap pale avè yo, nan
kafeterya lopital la...

Ti Jan   Mon chè, pitit se yon bagay estwòdinè: Yo fè w kontan, yo fè w fache, yo fè w pè, yo fè w fou... Yo fè anpil bagay, menm lè ou pa dakò ak yo, ou renmen yo opwen ou solidè ak yo tout jan tout jan... Ou pa ka demisyone nan dyòb sa a...! M ta bay lavi m pou pitit mwen yo pa ta janm soufri...

Pòl   Se vre, Jan, timoun se yon trezò ki koute paran yo anpil sakrifis emosyonèl...Se pa rans non, mande m ma di w!

Sandra   *(ki toujou bezwen raple Ti Jan ak Tika se pòv yo ye)*
Epi sakrifis materyèl tou, sitou lè fanmi yo pa gen gran mwayen. Gade, nan ka nou ye la a, Stiv pat dwe janm mete l nan sitiyasyon pou li fè nou depanse kòb. Kounye a, pwojè Avad la tou tonbe!...

Pòl   *(byen sezi ak sa Sandra di a)* Sak di sa ..? Stiv pa gen anyen la a pou li pa refè nan de semen. Ooo, kote ou jwenn ak koze kite pwojè Avad la tonbe a? Stiv se va premye nan Bonplezi yo kap antre Avad. Epi, sou jan l pati la a, se nèg ki pral kraze Avad la, tèlman l fò... Gade wa wè...

Pandanstan an, Tika pa di anyen, men l nan machwa l, l ap fè soupi, l ap souke janm li yo tankou doulè a twòp pou li, li gen yon gwo kokenn chenn lapenn sou konsyans li la a, se pa jalouzi Sandra li ta okipe...

Ti Jan   Pou nou, se va yon rèv ki va reyalize...

Tika ki pa janm bliye Stiv pandan tout pale anpil la, tap lapriyè. Li gade Pòl ak je l plen dlo, li di:

Tika   Pòl, konbyen tan konsa operasyon an ka pran? Mwenmenm, m toujou pè doktè yo, wi. Gendelè ou gade ou wè yo ap griyen dan yo nan koulwa lopital la, yap bay blag, yo tankou tinedjè. Konn gen nan yo ki pral opere epi yo kouri pran yon ti anmbègè ak *frenn frays* yo byen vit anvan y al fè operasyon an... ou ta di timoun lekòl.... Gendelè m konn ap mande m si yo fò...

Pòl   *(touche ak inosans Tika a, li vle mete l an konfyans)*
Yo fò Tika... Yo fò... Si yon doktè ap travay isi a, li fò... Si yon chirijyen opere isi a, li fò... Fè m konfyans...

Tika   Depi ou di m... Men... se yon bagay ki di, afè pou m chita la a, map imajine yon doktè kap dekoupe vyann pitit mwen an... kap deside lavi ou lamò timoun mwen an... pitit gason m nan sa a...

(Vwa l ap tranble, zye l plen dlo, li pè...)

Sandra   *(estomake pou gremesi)* Ki diferans ak yon piti fi? Epitou Tika, fò ou reyalis, se pa doktè a non ki pral koupe vyann Stiv, Stiv fè erè li koupe pwòp vyann li nan aksidan an, doktè a pral repare erè a pou li!

Tika   Ou pa konprann, m pap konpare l ak pitit fi, non, m di se pitit cheri m, pitit ki fè m aprann lavi...
(Tika chanje ton, li deside mete presizyon pou Sandra)
...Sandra, ou gen twa pitit se vre, men ou krè ou konn sa sa vle di doulè manman? Se yon kòd sansib wi, ha papa m.!...

Ou krè ou konprann lè yon moun di ou li renmen pitit
li...Haaa papa m, se yon santiman ki ka fè ou pran lari pye
atè, kouri fòl ak dezespwa osinon pete yon sèl rèl
kontantman, wi...
Doktè Makbègè parèt.. Se chirijyen an.... Li vin anonse
moun yo operasyon an fini, byen reyisi. Zo janm nan te
kase, kou a te foule byen grav men tout bagay byen pase: zo
a ap kole, kou a kore dwat. Dimwen se sa Ti Jan ak Tika
rive konprann nan tout gwo mo lasyans doktè a di a .... Kite
Stiv dòmi, pa deranje l anvan demen maten...

Moun yo ta prale lakay yo lè enfimyè a rele yo pou l di yo
vin pran bagay ki te nan pòch Stiv yo, rad ki te sou li yo ak
tout san an ladan l. Tika fè emosyon lè li wè san an...Yo
monte al wè Stiv nan chanm li. L ap dòmi. Mis la ankouraje
yo ale dòmi lakay yo, retounen demen pito, Stiv va gen tan
revni...Men, Tika pran kriye, lè li wè Stiv:

Tika   *(panike tèlman li wè san toupatou nan*
                pantalon Stiv la)
Gade san pitit mwen an non mezanmi, gade, gade, gade,
gade san pitit mwen an ki koule...!

Sandra   *(ap iwonize Tika anba chal)* Bon, kot Sen Jid
te ye?

Pòl   *(enève ak mank sansibilite Sandra a, li deside*
                rekonfòte Tika)
Tika, apatid jodi a, Stiv se yon pitit ki vin ankò pi espesyal
tande, paske ou soufri pi plis pou li. Men, se yon pitit kap
pote anpil jwa tou, men lè m di w sa a, anpil satisfaksyon
pou tout fanmi an tande... Kontinye lapriyè Sen Jid pitit

mwen, dapre rèv mwen fè, dapre sa m konnen, se bonè ak
griyen dan sèl ki pral meble lavi w apre lapenn sa a, tande!...

Tika   *(ap siye je l ak do men l, rekonfòte ak pawòl*
              Pòl di a)
Mèsi Pòl, mèsi tande, ou ban m anpil kouraj... Ou se yon bon
vye frè...

Tika ak Ti Jan retounen lakay yo al dòmi... Fòk ya l pase yon
ti tan tou ak de lòt timoun yo pou kalme yo, pou di yo gran
frè yo a pa pi mal. Tika ak Jan pran machin yo, y ale la kay
yo. Pòl ak Sandra pran oto pa yo. Sou wout la, Pòl di
Sandra:

Pòl   *(ak prekosyon pou li pa fwase l)* Sandra, m
twouve ou manke sansibilite anpil pou Tik. Sa etone m de
ou...

Sandra   *(ak awogans)* Ki jan m manke sansibilite a?
Sa pou m di?... Ti nonm nan se yon ti vagabon, se avèk ti
gason Miltonn nan li te ye... Tout moun konnen ti blan sa a
nan move chemen... Atò, sa w konprann, *ki se resanm,*
sasanm!

Pòl   *(kal, ap eseye fè lapadèchòz)* Stiv pa yon
move timoun. Li pa nan anyen ki mal. Ou pa konnen se yon
faz nòmal adolesans, pou timoun yo vle eseye sètènn choz...
Se lè yo boule nan luil cho yo rann yo kont paran yo te gen
rezon!...

Sandra   Gad ki jan w ap defann li. Ti gason sa a, jan
m wè l la a, ou gen lè sòti pou w adopte l!

Pòl   *(bouke pran prekosyon pou l pwoteje
                       sansibilite Sandra)*
M deja adopte l. Pi gwo adopsyon an se pa adopsyon sou
papye. Se sa ou santi pou timoun lan. Bon, m pa kache di
w, Stiv se yon neve trè espesyal pou mwen. M pa ka fè
anyen kont sa, ni m pa vle detwi sa. Ni pèsonn moun, ou
tande m, pèson moun pap janm gen dwa mele nan sa...!

*(Oo, Pòl leve lavwa, li fache. Li pa kontan ditou jan Sandra
ap pale de Stiv la)*

Sandra   *(kontinye pi rèd)* Gade Pòl, pa leve lavwa sou
mwen tande!... Eske ou wè ki jan ti gason sa a ap koze kont!
Mezanmi, ti gason sa a gen madichon, wi!

Pòl   Eske ou janm mande tèt ou ki sa ou genyen
kont ti inosan an?

Sandra   *(bon, manmzèl fin dechennen)* Inosan, inosan,
m pa ka wè l..! *(Sandra pèdi tèt li, li rele byen fò, li gen yon
jalouzi kap moute l, li pa menm ka konprann pou ki sa li
santi l jalou de Stiv).*

Pandanstan an, Pòl tèlman ap fè kòlè, li pral vit, nan koub
pou l al pran otowout la, li manke fè yon aksidan. Sandra pè
kout volan sa yo...

Sandra   Pòl, pou ki sa w ap fè vitès konsa a? Ou gen
lè vle touye m pou ti krebete a? Gade tande Pòl, ou pa
bezwen touye m tande, m ka rive lakay la, m pran tout afè m,
m fè malèt mwen ak pitit mwen yo epi m tounen Ayiti!
Moun lakay mwen ap akeyi m adebra.. Dayè, yo toujou di m
sa...

Pòl   *(pa ka konprann reyaksyon primè sa a)*
Sandra, pa enève m tande, talè m pa mete w atè!
(Ou ka imajine w, nan mitan *aywe* Miyami, tout oto pral
byen vit, pou Pòl ta mete Sandra atè... Papa Bondye m!)

CHAPIT 3

Jodi Pou Ou, Demen Pou Mwen

Detwa jou apre evenman kote Pòl ak Sandra te fè kont sou *aywe* a, mesyedam yo vin kalme. Pandanstan an, Stiv ap refè, Kamèn nan monte desann lopital... Lavi a tounen nòmal. Anpil moun nan fanmi an telefone pou gen nouvèl Stiv... Sandra poukont pa l bliye tout jalouzi, li te rele yon fwa pou l gen nouvèl tou. Tika te apresye sa anpil. Se fanmi, sa ou vle nou fè!

Yon gwo sipriz ki fè Kamèn anpil plezi se apèl Solanj, ti sè Jan an ki Monreyal la. Kounye a telefòn nan fèk sonnen nan lopital la, se Kamèn ki pran l...

Solanj   Alo Carmène, C'est Solanj, comment va Stiv?

Tika   O, Solanj, gade yon sipriz, a la m kontan tande w!... Mezanmi, mezanmi, mezanmi, ou tande nan ki sa nou ye!...

Solanj   M pran nouvèl la, se Pòl ki rele m yèswa. M rele lopital la imedyatman men, yo pat vle kite m pale ak

Stiv... Ki jan nou ye? Comment traversez vous cette experience?

Tika   *(tèlman kontan, li pa konn ki lang pou li pale)* Makomè, nou la, you know, ça va bien...Stiv se reprend, il est encore sous restriction... Mais, Solanj, c'est dur de voir son enfant souffrir!

Solanj   Oh oui, je devine bien ta peine...Moi, si loin que je suis, je suis très peinée aussi. Tu sais que Stiv est mon chouchou...Tu sais, je disais à un de mes collègues combien j'ai un beau neveu et en plus, si incroyablement intelligent...

Tika   *(ozanj)* Oh, Solanj, tu me fais vivre quand tu dis ces choses! Tu sais, pour une maman, son fils est toujours beau mais qu'une personne d'autre nous le dise, c'est une confirmation!

Solanj   Et Ti Jan, comment va-t-il?

Tika   Eh bien, il se reprend, il va mieux. Nous avions tous perdu la tête, tu sais! *(li chanje sijè)*... Bon, makomè, m toujou kontan tande vwa ou. Ou rete menm jan an, epi ou toujou kenbe ti franse w tennfas... Epi ou pa menm gen aksan kanadyen an menm... Mwenmenm si m pa fè ti pale avè w an franse, m bliye franse a nèt... menm timoun yo, yo gen tandans prefere pale angle a...

Solanj   C'est comme ça, c'est comme ça. On s'adapte a sa realité ma chère... Moi par contre, j'ai beaucoup de difficulte a dire un mot d'anglais...

Tika   Jan ou se moun ki entelijan sa a, ou se moun
ki fò... Se kote w Stiv pran sa. Nou gen don, epi tou, nou
gen bon sen dèyè nou tou!...

...Woy, men Stiv vle pran telefòn lan nan menm. Li vle pale
ak marenn li, papa...

Stiv   Alo tante Solanj, how are you?

Solanj   Alo Stiv, How are you too! Dis à ta marraine
comment tu te sens?

Stiv   Je vais bien, tante Solanj, je veux être guéri
bien vite pour me concentrer aux études... Tu sais que je suis
accepté à Harvard?

Solanj   Quoi?... Mais, c'est merveilleux!...
Félicitations! Oh, mon cher filleul, que je suis fière de toi!

Stiv   Papa a dit qu'il me laissera venir te voir à
Montréal pour l'été... J'ai hate...Je vais pouvoir pratiquer mon
français aussi.

Solanj   Mais c'est excellent!... quand tu viendras, on
ira faire un tour dans les Laurentides...

*(Tika pwoche kot kabann Stiv la epi li lonje men l pou l pran
telefòn nan nan men l)...*

Tika   Passe moi Solanj, Stiv...
...Alo Solanj, et puis quelles nouvelles...pale m de ou non?
Ou konnen se long distans, m pa vle kenbe w twò lontan..

Men, fòk nou fè ti koze nou... Di m non, ki nouvèl, Pas encore de prétendant? ....

Solanj   Mmmmm!

(Solanj pa reponn ak mo, li fè yon son nan gòj ki vle di non. Li ret ap koute Tika, li pa gen repons pou li. Tika kontinye pale. Solanj fè yon ti jès vag nan gòj.

Tika   *(kontinye)* ...Jusqu'à present même!... Gwo avoka tankou w, tout lajounen w ap rankontre tout gwo zotobre sa yo, pa fouti pa gen youn nan mesye yo ki pa wè ki kalite bon jan grenn bèl fi sa a... Epi li te mèt yon blan tou...

(Solanj fè yon jès ak gòj li ankò, li vrèman pa anvi pale de sijè sa a, li pa gen menaj, li pa gen menaj!... men Tika twò enterese pou li marye l, li pa menm rann li kont Solanj pa alèz.. Kidonk li kontinye pi rèd...)

Tika   *(kontinye ap pale, li pasyone de afè marye tout moun sa a)* ...Yo di m gen nan mesye kanadyen yo ki konn fè bon mari, wi...

Solanj   Wi machèr... *(Solanj vag nèt, men Tika si tan vle wè Solanj marye, li avèg, li fèk kare kontinye... Solanj fè yon bwi ak gòj li ankò...Men, Tika kontinye, sak nan tèt li a se de sa l ap pale...)*

Tika   ... Se pa de lapriyè, non, m lapriyè pou ou...Sen Jid pa janm lage m, li pap lage w non plis... Sa gen pou fèt kan menm... Bondye ap fè m wè sa kanmenm... M tou di w, jou sa a, map resi met chapo ak gan...

(Solanj deside met yon fen ak sa, menm si li konnen Tika se pa nan move sans l ap ensiste sou sijè a, men, li pa gen plezi pale de bagay sa a kounye a. Li entewonp manmzèl...)

Solanj   Non Tika, ou pap bezwen tou sa...

Tika   Ki jan, sa pa alamòd ankò?...Menm si sa... Sa pap fè anyen. Depi ventan m ap lapriyè pou sa...Jou sa fèt, m ap limen yon balèn pou Sen Jid kan menm..

Solanj   Bon Tika, m prale, sa toujou fè m plezi pale avè w, pa fatige kò w pou mwen, mwen byen janm ye a... M ale tande, bon kouraj... Di Ti Jan bonjou...

Tika   Ok, mèsi pou apèl la, ok, abyento. Pa lage Sen Jid non! Bon… Tann yon ti moman.. Men Jan vle di w de mo.

(Tika pase Ti Jan telefòn nan, Ti Jan byen kontan jès la. Ou konnen, fòk li di Solanj mèsi pèsonèlman pou *kòl* la, se prensip ledikasyon...)

Jan   ...Men oui, Solanj, ton appel nous a fait plaisir... nou wè ou pa lage nou... Apadsa, tout bagay ap mache?... M wè li byen wi... Se mak nan figi yo ki plis enkyete n... Ebyen oke... n a pale apre...

* * *

Pandanstan an, bagay la gate kay Pòl ak Sandra. Pòl fache anpil... Li menm deside al travay nannuit alèkile. La l ranplase yon zanmi l... Li pa rete nan kay la menm, tèlman

Sandra enève l. Lè konsa, li pa antre dòmi epi lematen li vini byen rapidman chanje l pou l al fè chif pa li a atò.

Sandra mande anraje, men, anmenm tan, li kaponnen tou...Se premye fwa li santi Pòl pa koube a kapris li. Li reyalize Pòl vrèman renmen Stiv, amwenske gen yon lòt bagay la...Pou li mete tout bagay aklè, li deside rele yon zanmi, yon enfimyè ka p travay nan menm lopital ak Pòl... Konvèsasyon an gen di minit depi l ap debat la a. Ann tande ti moso:

Sandra   ... Tu sais, ce qui me vexe le plus, c'est de voir pour quelle personne Pòl et moi on s'est disputé: yon ti zo mangay ki elve nan Bouklin wi...

Zanmi   Mais tu sais, Sandra, il y a des hommes qui aiment beaucoup leur famille, même si c'est un parent qui traine en sapates, ils n'aiment pas qu'on les maltraite, c'est un peu normal, tu vois, c'est son sang...

Sandra   Eh bien, si c'est normal, pourquoi il ne me parle pas avec plus de gentillesse?... Il aurait pu trouver une façon de me dire ça.... Moi, j'aurais essayé de comprendre, peut-être... Osinon m'ta pran pòz m renmen timakak la tou... Se pa sa l genyen, siman gen kèk enfimyè nan lopital la kap file l, kèk vye blan kap ba l enpòtans...

Zanmi   Men Sandra, kouman ou fè wè klè konsa a?

Sandra   Ki sa? ou vle di m Pòl gen yon metrès?...

(Zanmi an rakwoche. Zen an twò fò. Dòz la twòp pou li, l ale. Li kite Sandra ap naje nan yon kòlè fewòs melanje ak yon sezisman endiyasyon).

Se konsa, apre apèl sa a, Sandra vin gen yon apèsi sou bagay la pi byen. Ki fè, Pòl gen yon moun nan lopital la?... Se sa ki fè li pa rantre vin dòmi an?... Se sa ki fè li chimerik konsa a?... Se pa travay la l travay lannuit?.... Bon, koze a gate pi rèd!

Sandra pèdi tèt li la menm. Kòlè l moute l... Li gen tan kouri rele manman l ak papa l Anayiti. Li gen tan di yo Pòl gen yon fi deyò... Manman l ak papa l, se pa de vekse yo pa vekse, sitou manman li ki "pa abitwe ak jan de moun woywoy tankou *moun Pòl* sa yo", papa l di l pran malèt li yo ak tout pitit li yo, rantre Ayiti tousuit... Yo di l tou, se bon pou li, sa k te voye l al marye ak yon moun *Bonplezi*.... Kote li te al ranmase non pwa senkant sa a... Li te tou konn sa, gen de non, depi ou tande yo, ou konnen se nan blakawout ou pral ye avèk yo... Eske li te pèdi gou bouch li, sa li te genyen li te prese konsa a? *Kèl ide* pou li te panse manba ak fwonmaj te ka ale ansanm!?... Epi sesi, epi sela...

Manman l di l tou, pou li di Pòl pou li egzakteman sa Kasayòl te di bèf la...!

Sandra gen tan telefone yon ajans pou li fè rezèvasyon. Li gen tan pare pou l ale Ayiti inèdtan apre li te fin pale ak zanmi an! Men, li gen yon bagay ki di l al kay Ti Jan. Si li pa ka wè Pòl pou li di l sa l panse, li pral devèse fyèl li sou rès fanmi an... Sitou ti sa yo rele Tika a. *Elle saura!*

Li pran oto l li derape, sou wout la, la p pale pou kò l...

Sandra   …Mwen Sandra Maneli, m twouve m pran nan pèlen... Mwen Sandra, wi! Non, se bon pou mwen...

Kounye a tout fanmi l yo dwe gen tan deja konnen li gen yon
fanm, y ap ri m sou kap, pandanstan an, mwen tankou yon
inosan, m pa menm konn sa... Ale dwe wè, yo dwe mare
konbinezon yo byen la a sou mwen... Epi yon bann moun m
pa menm kanmarad yo menm.!... M pa menm kanmarad Pòl
la.. Antouka, se tande la tande pitit, m ap pran touletwa piti
mwen yo, m foure yo anba bra m mwen ale Ayiti avèk yo...
Lè m rive kay Jan an la a, premye ki radote nan zòrèy mwen
m ap vide fyèl mwen sou li... *Cela leur apprendra!*

(Li rive kay Ti Jan, li ankòlè, kè l ap bat fò. Li frape)

          Tòk, tòk. tòk...

Tika   *(ak yon kontantman inosan)* Oo, gade yon
moun, sa se yon sipriz nèt ale... Ki mirak. Antre non,
Sandra...

Ti Jan   Oo, bèlsè, ki mirak sa a, antre non. Vin chita
ak bòfrè w... Nou pral pran yon ti bouyon sirik la a... Cheri,
met kouvè pou Sandra, non...

Tika   Oo, ou pa menm bezwen di m met kouvè,
depi Sandra parèt, m te tou konnen nou pral manje ansanm....

(Tika chanje sijè a kareman. Nan kay sa a, semèn sa a, se
yon sèl konvèsasyon kap fèt tout la jounen, se de Stiv y ap
pale. Kidonk, Sandra anyik rive epi se de Stiv, Stiv, Stiv y ap

plede radote nan tèt li. Yo pa menm rann yo kont Sandra pal tankou yon kadav...)

Tika   ... Sandra, ou pa mande nou pou Stiv? Li fin refè nèt wi. Oo, se pandan l fè aksidan an m vin konnen ki jan gen moun ki renmen pitit la. Oo, ke l te pwofesè, ke l te etidyan epi tifi kou ti gason, wi, yo tout defile vin wè l... Gen yon ti blond bèl bèl cheve, se nan tèt Stiv m wè l chita papa!...

Ti Jan   Antouka m wè se yon timoun ki gen anpil moun ki renmen l. Sa fè m plezi... Se yon timoun ki byen ak tout moun, ke l te blan, nwa, panyòl, jwif, sal te ye a...

Tika   Jan, ou wè ki jan nou gen chans? Stiv pap rete yon sèl mak sou kò l non. Dapre sa doktè a di, Sandra, la p tounen jan li te ye a... Yon moun mèt di m sa l vle, afè Sen Jid la se sa nèt...Ti nevèn mwen, ti bouji mwen, yo regle zafè m byen pou mwen... Se mwen ki konnen...*(li chanje sijè)* ... Sandra, vin non, anvan bouyon an vin frèt.

Sandra   *(yon jan ap twouse nen l)* M pa janm renmen manje bagay sa yo non, m pa renmen ap manje anyen ki ka sal menm mwen... *Question de manière..* Te m fè yon ti goute tou piti...

Tika, Jan ak Sandra sou tab, y ap manje. Youn nan yo pa alèz. Se pa abitid Sandra debake konsa a san li pa rele davans... Dayè, si se yo ki ta fè l sa, li ta mande anraje... Li rive la a, li tèlman frèt, yo pa konn ki sa pou yo pale avè l... Sandra pa sanble li sou san l... Men, Tika ak Jan ap eseye fè l pale...

Tika   Sandra, ban m nouvèl timoun yo, yo dwe fin
gran? Pou dat ou pa mennen yo bò isit...

Sandra   Yo byen wi, yo *bizi*...

Ti Jan   *(pou chanje konvèsasyon an)* Tika, apa moun
Nouyòk yo pa rele? Sak ta di sa, Solanj ki jous Monreyal rele
nou epi Nikòl ak Anòl la a, nan menm peyi a nan Nouyòk la,
yo pa menm rele menm. Gen de moun ki gen tan endiferan
papa!...

Tika   Se bagay sa a map di a, wi, peyi Etazini ap
fini ak bon prensip Ayisyen. Lontan lontan eta vwazinay te
fanmi, kounye a, fanmi se lenmi... M pa konn kote nou prale
mwenmenm... Antouka, m pral rele yo kanmenm pou m
mete yo okouran de sa kap pase. Stiv se neve yo, nou tout se
yon sèl fanmi...

Ti Jan   Wa di yo bonjou pou mwen, m pa renmen
moun meprize m konsa, m pap pale avè yo. Dayè, m gen
lontan map swiv yo, joudlan pase, yo pa rele; pak pase,
menm bagay la, non, sa se yon mankdega. M pral fè yon ti
sòti la a, tann m ale, wa rele yo...

Tika   *(voye je gade epi li wè Sandra yon jan lwen)*
Apa ou pa manje Sandra. Sa w genyen mafi, ki jan ou ye
konsa a jodi a... Ou pa menm moun nan menm... Ou gen kèk
bagay?... Apa ou pa reponn... ou vle vin fè yon ti repoze sou
divan an?...

        Ti Jan pako sòti, li santi gen yon bagay ki ka pral
pase la a. Dam yo rele Sandra a sanble li tou anjandre.... Yo
fin manje. Tika menm leve, l al nan sal kouti li a, l ap reprize

yon pantalon pou Stiv. Se pantalon Stiv pi renmen an, yon
abako alamòd yo... Li kite Sandra ak Ti Jan nan salon an.
Timoun yo ap wete vesèl sal sou tab la, pote nan kizin nan.

Tika ap chante nan gòj. Li elve katolik depi l piti
men gen de jou, lè kalkil li yo rive lwen, sitou lè li santi
loray a pral gwonde anba tonèl lakay li, se ti kantik
pwotestan yo sèl ki ba l fòs. Li pran chante "Non, Jamè Tou
Sèl"... Depi sou jan Sandra parèt la, li konnen gen yon bagay.
Kote li ye la a, devan machinakoud la, li pa pale ak Ti Jan
ankò, ni Ti Jan pa adrese l la pawòl, y ap tann Sandra pale.
Pèsonn moun pa vle responsab dega sa yo santi ki pral fèt la
a. Se tankou lapli pare, loray ap gwonde, tout moun
ogadavou...

Finalman, Sandra ki tap fè kont soupi li pran rakonte
ke li pa dòmi nannuit la, Pòl al travay, li pa antre maten an
epi... gen yon bwi kap kouri ... Yo di... Pòl gen yon fanm...!

(Se tankou loray la tonbe sou do kay Tika a... BLOW!)

Tika   *(endiye)* O non, Sandra, sa pa sa vre.... M
mande Bondye m sot tonbe tou long la a, se pa vre. Non,
non, non, san fwa non, pa gen bagay konsa nan fanmi an...

Sandra   Bon, m di w. Se yon moun ki ban m sa
fenebyen. Se yon enfimyè nan lopital la, yon blan wi...
Antouka, mwenmenm, m fè rezèvasyon m, m ap pran
touletwa bèl pitit fi m yo m al Anayiti avèk yo....

Tika   Sandra, sa wap di la a?... Ou konn Pòl, ou pral
gen dizan d maryaj, ou pase tout moman difisil sa yo ak
moun nan, epi se kounye a, yon moun di w yon bagay, ou

gen tan pral pati kite kay ou, san ou pa menm pale ak Pòl menm.... Ou pa reflechi machè!...

Sandra   Wi, se pou m ale, epi si li pa antre dòmi nan kay la jodi a, map pati san m pa di l, se lè la vini la jwenn kay la byen vid... Epi m ap pran tout bagay nan kay la paske mèb se pou fi sa ye...

       Jan antre nan konvèsasyon an. Li grate tèt, li pa konn sa pou l di, li toujou panse Sandra se yon fanm ki anmèdan, men, li pa ta kwè Pòl ta rive la... Fanm menm!?

Ti Jan   Sandra, m ta renmen fè yon konvèsasyon tètatèt ak Pòl sou sa. Kalme w, rete la a avè nou yon ti moman. Pran san w. Nou la, nou pap lage w... Bon, eksplike m ki sa yo di w la...

Sandra   *(Apre yon gwo kokenn soupi, li kòmanse pale)* Ebyen, mwen tap pale ak yon zanmi...

Ti Jan   *(Byen serye ap mennen ankèt li)* Kilès zanmi sa a?

Sandra   *(kontinye, enpasyan)* Mwen tap pale ak yon zanmi, han, ou pa konnen l, se youn nan medam ki nan klib tenis asosyasyon doktè yo... M ta p di l ki jan m wè Pòl chanje, ke m panse li gen lè gen yon moun sou kote, epi li di m ki jan m fè wè klè konsa a...

Ti Jan   *(kontinye ap ankete toujou)* Kidonk, zanmi w lan se yon Ayisyèn ?

Sandra   Non, li pa Ayisyèn, ou pa konnen l...

Tika   Men sa ki dwòl nan bagay la sèke ou plis kwè
zanmi an ke ou kwè mari w... Moun nan pa di w anyen la a
pou gen tan si gen yon bagay, Sandra... Ou poko janm pale
ak Pòl depi lè a?...

Sandra   Non. Ou pa wè li ranje kò l pou l dòmi deyò,
siman li ak fanm nan kounye a... Antouka, mwen, pito m gen
tan pati m ale, paske kote m ye la a, m se moun m bliye nan
ki *grand fami* m sòti epi m fè yon eskandal nasyonal ak sa...

Ti Jan   *(ap met dlo nan diven)* Sandra, reflechi yon
segonn. E si zanmi sa a di w yon bagay san fondman...? E si
l ap ranse?... E si ou twò avèg pou w rann ou kont ki jan Pòl
renmen w...?

Tika   Se vre wi, Sandra, ou ak Pòl se de moun ki
gen tout bagay pou nou ta antann nou, wi... Nou gen
konesans, nou gen liks, nou gen twa timoun ki an sante e ki
pwomèt. Nou jèn, nou gen yon salè asire, nou renmen
younalòt epi fanmi nou renmen nou... M pa wè pou ki sa pou
nou nan tout pawòl sa yo...

Sandra   Tout sa n ap di la a, pa vle di anyen si moun
nan ap twonpe w, se afwon ki pi di ki ka egziste pou yon nèg
ap pase yon fi nan ridikil devan la sosyete. Monchè, m pito
tounen nan peyi m, m va l jwenn paran m, yo pa *nenpòtki*
Anayiti, kou m rive m ap jwenn travay, map met timoun yo
nan gwo lekòl, epi, sa w tande a, m lage cheve m sou do m,
m kòmanse fè demwazèl epi yon bon nòs vin jwenn mwen.
Nenpòt ki gwo doktè Ayisyen ki renmen milatrès ap twò
kontan jwenn mwen...

(Kounye a li pran chenn, l ap kontinwe pale, se konsa tou li pral di de twa tenten)

......Epitou, se bon pou mwen. Moun lakay mwen pat vle Pòl. Se toujou ti mesye Frant ak Padsèn yo ki te konn ap file m. Yo te fou pou mwen, yo tap goumen pou mwen... Moun lakay mwen se tip de moun sa-yo yo te vle, dotan yo konn fanmi sa yo. Manman m ak manman Bòb leve ka *Mè Lali* yo ansanm. Papa m te toujou konn al jwe tenis ak papa Dimitri.... M pat dwe janm tonbe nan ti nèg Bwavèna...

(Bon, bagay la gate nèt, men Sandra ap antre nan santiman moun yo)...

Ti Jan   *(Estomake. Pawòl Sandra a yo fè l fè movesan
                        enteryè. Li pale ak Sandra lantman, tankou
                        yon moun kap reflechi anpil)*
Sandra, m ap tande w la a ap pale, epi ou fè m renmen madanm mwen pi plis... Sa ta fè m lapenn anpil si madanm mwen ta pare pou jete m fasilman konsa... M ta mande lanmò si m ta konnen madanm mwen pa santi li fè yon bon zafè lè lap pale de mwen. Mwen ta rayi tèt mwen si, pandan m al travay di pou m fè bonè fanmi an, se konsa madan m mwen ta va ap pale de mwen dèyè do m.... M pa ta ka viv, m pa ta ka ap mache nan lari a pou m ta santi m si fyè de tèt mwen jan m santi m fyè a, si pou madanm mwen ta va p gen tan ap chonje pa ki jan, pa ki fason, pa ki mannyè, li pral bay pitit mwen yo yon bòpè... Finalman, si m ta menm doute ke madanm mwen se yonn nan ti mesye Padsèn yo osinon Frant yo li te vle, m tap bal wout pou l al jwenn yo, paske, chak moun gen nimewo pye yo....

(Oo, Ti Jan fache, li pa renmen enpètinans Sandra a ditou ditou...Sa bay lapawòl li yon apeti anmè sibit. Li kontinye pale:)

.....Men, fòk ou fè yon jan pou ou pa rate bato lavi a, wi, Sandra... Paske, si ou ka kouche ak yon nonm chak jou epi se ak yon lòt w ap chonje, ou pap jwi lavi w... Epitou mwen twouve ou denigre Pòl fasil, machè....

(Msye p, men, ou santi li poko fin rann tout fyèl li... Li pe paske, li pa vle di twòp...)

... Machè wo, lavi a dwòl wi... Se sa sèlman mwen di!...

Tika   *(Fache tou. Jan li renmen Pòl sa a! Li deside*
                        fòk li defann Pòl epi fòk li resi bay Sandra
                        monnen pyès li)
Ebyen, si Pòl pa nimewo pye w, Sandra, se pou ou tou vire w ou kite l... Plen ti medam Bwavèna ki sot nan fanmi debyen ki ta pote Pòl sou tèt… Men, fòk mwen di w, Sandra, ou pa marye ak yon nèg pou kote l sòti, ou marye avèk li pou sa li ye epi ansanm ansanm, *lamen dan lamen*, ou rive avè l sou wout reyisit. Bon, san antre nan lavi prive w, piske ou di ou pa kanmarad Pòl, ki sa ou gen nan ou ki pou fè yon nèg ta vin fou pou ou a?...

(Oo, men Tika atake Sandra!)

Sandra   *(Pat atann li a reyaksyon mesyedam yo, pou*
                       jan li konn di yo sa lide l di l epi yo toujou
                       aksepte)
Se pa de sa m ap pale...

Ti Jan   *(byen serye, byen deside pou fè Sandra*
                   konnen fwa sa a li depase limit li)
Non, Sandra, ou mèt reponn kesyon sa a, paske, gen lontan
depi w ap voye yon seri de pwent bay fanmi an, nou pa di
anyen paske nou konnen Pòl renmen w. Nou pa di anyen
paske sa pa regade nou, men ou vin la a, pou imilye fanmi
an, sa se yon lòt afè... Alò, m ba w lapawòl, ou mèt reponn
kesyon Tika a, wi...

Sandra   *(anbarase)*   M pa gen ankenn kesyon pou
m reponn Tika, dayè Tika pa Bonplezi...

(Oo, sa k te di Sandra al di yon bagay konsa! Tika reyaji
lamenm)

Tika   *(eksite, li reponn ak fyète)* Hey Hey, rete sou
sa w di a! Mwen se Bonplezi! Ak tout fyète m, mwen se
Bonplezi... Depi m te sot legliz Sentiv, gwo 18 oktòb 1972,
m te vin Bonplezi pou letan et letènite, amèn! Ay ya yay,
onon de Sen Jid...!

Ti Jan   *(entewonp Tika)* Sandra, te m pale avè w
tankou yon frè... Ou se yon moun ki plen pwoblèm a tèt ou.
Pwòp papa pitit ou pa gen respè devan w... Pwòp moun ki ba
w plezi nan lavi a, ou pa gen yon relasyon onèt avè l...

Sandra   *(ap defann tèt li)* Ki jan m pa onèt la, m pa
janm nan anyen ak pèson moun, m pa pran moun sou Pòl...

Ti Jan   *(ap atake Sandra finalman)* Men, lespri w
pran moun sou li... Lè w fèmen je w, se nan Padsèn ak Frant
yo ou ye!

Tika   *(tou mete pou Sandra tou)* Epi, se si moun sa
yo te wè ou tou...

Sandra   *(vekse)* Oo, pouki moun nou pran m?

Ti Jan ak Tika *(toulede di ansanm)* Pou sa ou ye a!

(Oo, Sandra santi l jwenn ak pa l. Li vin la a, pou li di
moun yo de mo epi men se yo kap antre nan santiman l, oo?
Li santi l pèdi pye, l ap glise, l ap pèdi pari a ...)

Sandra   *(ap pran pòz inosan li kounye a)* Bon, apa
nou sòti pou nou bat mwen pou nonm lan?...

Tika   *(resi move tout bon)* Se pa nonm nan non, se
nonm ou an...

Sandra   *(ap fè bak tankou yon viktim ak yon vwa*
                  inosan)
Oo, apa nou te tou pare pou mwen tou?

Ti Jan   *(byen kontan li resi di Sandra detwa verite)*
Nan ki sans nou pare pou ou a?

(Sandra fache, yon sèl anvi kriye pran l, li pa abitwe moun
kenbe tèt avè l, li santi l pran nan yon pèlen...li pran pale ak
yon vwa dezanpare...)

Sandra   *(podyab, gòj li byen sere)* Nou rayi m, nou pa
t janm te renmen m...!

Tika   *(ak bonkè men ak fèmte)* Nou renmen w, men
gen de bagay ou konn ap di nou, nou pa renmen tande

yo...Epi nou pa renmen lè w ap pale de nou tankou ou pa kanmarad nou an!

Sandra *(pran pòz viktim li)* Oo, apa moun sa yo sòti pou yo fè konplo pou yo bat mwen la a, ma rele anmwe wi...

Ti Jan *(pa nan rans tou, li menm)* Ou mèt rele anmwe si se sa ou anvi fè. Men, si vwazinay yo rele lapolis, w ap sètoblije ale ak jandam yo...! M pale w...

(Sandra pran kriye de raj, se pa ti raj, non!)...

CHAPIT 4

Lanmou Pa Gen Pri

Depi dènye eskandal Sandra a, lavi a tounen nòmal. Ti Jan te ramne l lakay li. Depi lè a, pèsonn moun pa janm rele l pou konnen si li la, si li pa la. Si li pati, si li antann ak Pòl. Tout moun rete sou silans yo... Men chak tan telefòn nan sonnen, Tika toujou gen yon reyaksyon "Gras lamizèrikòd!" li toujou di, tankou pou Sen Jid ta gen tan kouri ba l yon ti fòs pou si se Sandra ki rele... Men, Sandra pa rele...

Depi kèk jou, Tika te anvi pale ak Nikòl, lòt sè Jan an ki rete Nouyòk la. Li te konprann Nikòl ta rele, men li pa rele... Kidonk, li rele l limenm.

Tika pran telefòn li, li fè nimewo Nikòl, kounye a telefòn nan ap sonnen ...

ring.....ring.....ring....

Tika   Oo... Yo gen lè pala...

(Telefòn nan fèk kare sonnen, pèson moun pa pran l...
ring....ring....ring... Finalman, Nikòl resi pran l)...

Nikòl   Alo, Alo? .. Oh, Tika! Ki nouvèl.. tann mwen
yon ti moman, m gen yon moun sou lòt liy nan...

Tika tann omwen senk minit, l ap tann, lap tann. Finalman,
Nikòl resi tounen.

Nikòl   Wi, Tika machè, ki nouvèl, ki bon van...?

Tika   M la, e oumenm. Ban m ti nouvèl ou... toujou
ap fè de dyòb?

Nikòl   E byen ou konnen. M pa gen tan... Gen de
fwa, m sòti la a depi a twazè, m al travay yon chif nan lopital
Kinskonti a, apre, vè minwi, m gen tan nan Ajans la jous ka
uitè dim maten. Lè m rive la a, m kraze si w konn yon pwa k
twò kwit!

Tika   *(Enkyete pou tout moun)* Men Fifi, se pa yon
lavi sa, ou fatige kò w twòp...

Nikòl   *(Byen kontan moutre li se yon moun bizi)*
Kote w kite gendefwa m konn tou pa antre menm paske si
yon anplwaye *kòl sik* mwen tou ranplase l.... Sa w vle nou
fè, se lavi a ki mande sa...

Tika   *(ap souke tèt li tankou li pa dakò)* .... Epi
pandanstan an menm, Anòl nan lari a tou?

Nikòl   Men wi, bon, se tout lajounen moun bezwen
taksi isit nan nouyòk. Anòl pa gen lè pou l antre... Lavi

Nouyòk se konsa wi, se yon toupi kap vire tèlman vit se twa kalite moun ki ka viv la: moun ki *smat*, moun ki ambisye ak moun ki fou!

Tika   Bon mezanmi pou ki sa pou nou viv konsa a?

Nikòl   *(ap fè estil)* Paske se lavi Ozetazini ki mande sa... Men Choupèt pral gen 16 an la a, fòk m achte yon machin ba li, m pa ka kite l al nan kolèj pou l ap pran sobwe. Timoun nan ba w satisfaksyon, fòk ou ba li tou. M pa vle vye blan yo konprann pitit mwen an se nenpòt ki bonm...

Tika   Antouka m ta byen renmen wè ou relaks kò w, pase plis tan ak timoun yo... Gendelè, timoun nan konn plis bezwen sa wi pase oto a... Paske lajenès alèkile a an kriz, wi...!

Nikòl   *(pa bezwen konsèy vye granmoun Tika yo, te l voye l ale)*
Antouka Tika, m byen kontan pale avè w, tout moun byen pa vre? bay...

Tika   *(repwochan)* ...Fifi, m rele w pou m di w yon bagay, m poko menm di w li menm, ou gen tan ap rakwoche?.. Non, tout moun pa byen, Stiv fè aksidan, li lopital toujou, m manke pèdi pitit mwen an. Se gras a...

(Nikòl konn bagay la li gen tan fini fraz la pou Tika lontan)

Nikòl   ...Sen Jid?... Ou toujou dèyè sen sa a toujou? Antouka ou byen gen chans li pa pi mal, pa vre?

Tika   Non, li pa pi mal men, li ta kontan tande vwa w, li mande pou tout moun, li sonje w wi, pa konprann li pa sonje w...

Nikòl   Tika, ou konnen, akoz de bidjè m, m fè yon ralanti sou long distans, se sa k fè m pa rele a, wi...

Tika   *(repwochan)*   Men Fifi, si tout travay oumenm ak Anòl ap travay la nou pa ka peye yon bil telefòn senk dola, n ap travay pou gremesi.

(Tika desi, li wè Nikòl pa pran afè fanmi an oserye, sitou afè Stiv!... Li wè se yon pètdetan pou l kontinye ap pale ak Nikòl. Ni li pap rele l pou fèt la, si li pa rele l).

Nikòl   *(pwofitèz)*   Oo, Tika, m prale. Te m tou di w bòn ane tande, te m tou di Jan bòn ane tou... Kote li?

Tika   *(desi anpil)*   Bòn ane Nikòl?! ... Jan? Non, li pa la, m a di l sa pou ou... Di Anòl bonjou. Anbrase timoun yo pou mwen tande. M a pale avè w ankò. M a di Stiv m te pale avè w... Ou mèt rele l kòlèk tande, rele l sou bil telefòn pa mwen, m pito peye apèl la paske, nou, lafami Bonplezi, fòk nou ka kenbe younalòt. Nou pa vin isit pou nou degrennen...

Nikòl   *(ki mele l. Li espedye Tika ale)* Oke, ma rele l nan semèn nan, babay...

Tika   Babay...

(Tika rale yon gwo soupi moute sot byen lwen nan zantray li. Wouou... li desi, li desi anpil anpil. Bon, e si Stiv te mouri!

Se konsa Nikòl t ap lage l?..L ap pale poukont li...)

Tika   Mezanmi, sa se yon dezas wi. Pou Nikòl pa
vle depanse pou yon kout fil pou l pale ak pitit la... Li
bezwen di frè l bòn ane gwo mwa oktòb la!... Nou poko
menm nan mwa desanm, non, li gen tan vle tou pran woulib
sou kout telefòn mwen an pou li di l bòn ane!... Men Sen Jid,
di yon bagay nan sa, non... M konnen m pa fè etid inivèsitè
men, ak bon ledikasyon m te resevwa lakay mwen epi jan m
te konnen lafami Bonplezi Anayiti, m pa ka konprann lajan
ta ka vin fè fanmi sa a demantibile konsa... Mezanmi!...

        Tika potko fin reflechi sou sitiyasyon Nikòl la epi
telefòn nan sonnen. Se Gaston. M pa bezwen di w jan li
kontan... Gaston rele pou li gen nouvèl Stiv. Li rele tou pou
ankouraje Kamèn...

            ring... ring... ring...

Tika   Alo? Sonson woo, m kontan ti apèl sa a...se
pa de kontan m kontan...

Gaston   Ki jan nou ye la a... Ban m nouvèl Stiv?...

Tika   Kilè w ap vini?...

Gaston   Demen, demen, m gen yon reyinyon pou pita
la a... Dapre dènye nouvèl m pran, sanble ka gen kèk gwo
desizyon kap sòti *Wachintonn Disi*, sa ka gen efè sou
sitiyasyon Ayiti a, donk m met deyò, ou konnen, fòk nèg al
pran nouvèl...

Tika   Mezanmi Gaston, èske ou manje? Ou toujou
sou reyinyon, toujou ap kouri monte desann, fòk ou pran
fòtifyan wi... Ou pa pran *Emoglobin Dèchyen*? Ou pa
montre Magarèt pou l fè bon jan ji bètrav ak kreson ak
kokoye pou ou? Bètrav bay san wi...!

Gaston   Wi Tika, m manje byen. Men mwen pa bwè
ji bètrav...Fò m di w sa anpasan, bètrav wouj se vre, men, li
pa bay san, non... Fòk mwen di ou tou afè ap pran
medikaman san preskripsyon sa a, li te mèt te vitamin, se pa
yon bagay moun dwe fè ditou ditou, non... Ha papa m, gen
gwo danje nan sa, wi!... Fòk mwen pote yon ti feyè pou ou
ak kèk liv pou ou manyè li sou ki manje ki gen vitamin, kilès
ki gen fòtifyan la dan yo, bagay konsa....

Tika   *(ozanj kounye a)* O, m ta byen kontan. Paske
timoun yo ap grandi la a, se pa de depanse moun ap depanse
nan makèt pou yo, men mwen pa ta renmen ba yo manje
dyonk foud.

Gaston   Oke Tika, n a pale apre, tande. Sonje di Ti Jan
bonjou. M ap bay yon kout pye lopital la pita pou m al wè
Stiv. Kenbe la tande, nou tout avè w. Ou konnen.

Tika   O wi, depi w rele, m santi m yon lòt jan. Se
ou ki tout ankourajman nou bò isi a... Bon, ou wè, nou gen
detwa zanmi ki konn vin isit la toutan, kounye a yo
demenaje, youn al rete yon kote ki rele Tanpa, lòt la ale
Olando. Se tout tan y ap rele nou pou ankouraje nou
demenaje tou, men, jis pou nou ka rete pre w ak pre Pòl, nou
pa janm okipe yo. Timoun yo ta chagren tou... Jan yo abitwe
ak fanmi an sa a!

Gaston   M byen kontan nou la a, men, si ta gen
nesesite pou nou ta pati, zòn Tanpa a pa mal, non, gen detwa
Ayisyen la, zòn Olando a bon tou.   De SentPit ak Kliwatè, se
kote ki pa mal menm, non, Ayisyen yo anfòm wi, nan zòn sa
yo... Yo pa anpil men yo anfòm, dapre sa yo di m...

Tika   Antouka n a va l vizite la men nou prefere isit
nan zòn Miyami an... epi, li pi fasil pou granmoun yo fè ti
vwayaj la tou. Kounye a Papa w ak manman w ap fin vye,
nou pa ka ret twò lwen yo...

Gaston   Bon, Tika, abyento, salye Jan pou mwen...

Tika   Babay, pa bliye non, si ou grangou, pase bò
isit..

Gaston   M pap bliye...m ale

      Pandanstan an, Pòl kontinye ap pase nuit nan lopital
la. Dabò, gen anpil malad sou *flò* a, epi, gen anpil ka
operasyon tou...Depi li rete lopital la, li pa prèske antre lakay
li a, li vin yon lòt moun. Li reprann abitid li yo. Pòl se yon
nèg byen senp, kè l toujou kontan. Msye toujou rele timoun
li yo chak jou, kou l twazè edmi, li konnen yo sòt lekòl... Li
fè on jan pou li evite Sandra.

      Sa gen tan gen twa semèn depi sitiyasyon an
konsa...Li santi kè l leje depi li pa antre nan kay la toutan an,
men li anvi wè timoun yo, pou li pase plis tan avèk yo. Li pa
renmen afè pou li ap antre lè li konnen Sandra pa la a. Epi
gendelè se timoun yo menm ki rele l nan lopital la, yo
mande l kilè la p vini pou l al mennen yo pwonmnen. Fòk
mwen di w, msye renmen dam nan anpil, li kòmanse ap

panse retounen nan vi nòmal li ak madanm li epi ak pitit li yo.

Dapre sa nou konnen, sanble Sandra pat janm te pati a, dimwen, li pat janm jwenn ak Pòl pou l te fè esplozyon li te vle fè a.

Gen de lè Pòl chita lopital la li konn sitan relaks, li konn rive sonje lontan lontan, li konn fè vizyon tout moun lakay li yo, li sonje lè l te timoun, kouman lavi a te senp. Li sonje lè li te konn al pase vakans Miragwàn. Ala yon bèl vil... Li reyalize sa fè lontan depi li pa pale ak papa l, ni li pa pran san l pou l mande manman l kouman li ye.

Li reyalize li pa menm konnen kouman moun li yo ye Anayiti, li pa pran nouvèl Jera, lòt frè l la ki jous kounye a ap viv Anayiti toujou. Toulesèt frè ak sè l yo pase nan tèt li, epi l ap mande tèt li, menm si se li ki gen plis mwayen, plis lajan ak pi gwo tit, èske se li ki pi ere pami yo tout...

Se vre, tout pòt louvri pou li, li frekante toupatou, li chanje machin chak ane, li gen yon bèl fanm, li gen twa pitit fi, men, andire tout bagay pa fin nan plas yo... Sa deranje l jan Sandra trete fanmi an. L ap mande tèt li si Sandra renmen l osinon si li renmen sitiyasyon l nan. Li konnen nan moman tètatèt ak Sandra li konn fè l konfidans, li konn di l de ti bagay ki se sekrè fanmi an, li konn kritike ti manyè fanmi li yo, men, li pa janm te louvri bouch li pou li te di l li pa respekte yo osnon li pa renmen yo.

Dayè, gen yon sekrè li pap janm di pèsonn, li anvye Ti Jan dèske li gen yon pitit gason... E se pa nenpòt ki pitit gason, se yon timoun ki entelijan, plen avni. Stiv...

Li vin apresye Ti Jan ak Kamèn pi plis dèske yo
edike timoun yo ak bon prensip. Poutan Ti Jan ak Kamèn se
pa moun ki gen gwo mwayen di tou, ni ki genyen diplòm
inivèsite. Men, yo chaje ak prensip. Gen de nan prensip yo ki
yon jan pa alamòd, men, sa sa fè...! Timoun yo entelijan, yo
si de tèt yo, yo senp, yo pa egzijan, yo fyè deske yo sòti nan
yon fami ayisyèn, yo gen tout bon bagay pou yo. Sa se yon
benediksyon. Met sou li, Ti Jan ak Tika antann yo byen
anpil, si ou konn mayi ak pwa nan tyaka...

Pòl sonje tou kouman Ti Jan te pran de dyòb, li pase
omwen sizan ap travay yon kote li pa janm di moun kibò
tèlman li te jennen. Li te jennen pou li wè atout li te fin fè
retorik, anplis de sa li te ale nan kontabilite, tout sa pat itil li
anyen pase sa Ozetazini... Li sonje kouman Tika ak Jan te fè
chache l, li menm Pòl, epi yo te ba l tout sa l bezwen paske
yo te vle li te pase tout egzamen *bòd* yo pou li te ka vin yon
doktè konfòm nan sistèm ameriken an...

L ap fè tout refleksyon sa yo pandan li chita nan biwo
l epi se konsa li vin ap panse a Tika, Tika ki tankou yon gran
sè pou yo tout... Podyab, se pa yon moun ki janm gen anpil
nan lavi a, aledwewè, li dwe pa janm resevwa yon bouke flè
nan lavi l, kote Ti Jan ta pran kòb... menm si li ta vle fè jès
la!

Pòl deside fè kè Tika kontan. Toudabò, li pral rele
yon konpayi flè, pou li kòmande yon bèl bouke pou li...

Msye rele pou *òdè* flè yo... Li mande pou yo ekri yon
ti fraz tou senp nan kat la ki di: "Ou se pi bon sè ki egziste
sou la tè a"... Yon lòt moman, lè li panse flè a deja rive, li

pral rann yo yon ti vizit. Li kòmanse ap imajine l kontantman Kamèn...

Yon lòt moman vre, dezèdtan apre, msye deside ale kay Ti Jan a Kamèn. Lè msye rive, flè yo potko rive....Kamèn ak Ti Jan te chita nan familiwoum nan yo tap koze ... Ala de moun renmen papa, msye di nan kè l... Depi li sonnen, Tika vin louvri pou li, yo toulede akeyi l adebra.... kòm dabitid...

Ti Jan   Pòl monchè, ki nouvèl...

Pòl   M la, kouman Stiv ye... E lòt timoun yo?

Tika   Mezanmi Pòl, te m al chofe yon ti kafe pou ou, ou dwe pa menm dòmi yèswa menm. Ou travay di twòp vye frè m...

Pòl   M pa dòmi vre, non… Ban m ti kafe a, non...

Tika   Pandanstan an, ou mèt al fè on ti lonje kò w wi, Gen ti divan ble sa a, ou krè se dous... Ou dwe fatige la a... vin lonje kò w... M ap pot kafe a nan kabann pou ou ak tout yon ti ji grenadin...

Ti Jan   Tika ou mèt ban m yon ti ji tou, m a akonpaye
Pòl.....

Tika   *(Byen kontan. Jan l renmen resevwa sa a)*
Oo, kanmenm, ki jan m ta fè pa fè pou ou a. Oo!

Pòl   Se sa m renmen avè nou an, oumenm ak Tika
toujou renmen, nou pa sanble moun ki gen tan pase ventan
maryaj ...

Tika   Oo, nou gen tan gen tou sa, wi. Toulejou pa
toujou bon men, m gen yon gwo pòtre Sen Jid nan chanm
nan, depi sa twòp pou mwen m al pale avè l... m lage sa nan
men l... epi se tout wi...

Pòl   Antouka, se bèl bagay, papa...

Bèl la sonnen. Tika kouri kite kafe a, l al louvri...Se yon
mesye ki vini nan yon limouzin ak yon gwo bouke flè nan
yon kokenn chenn po.

Tika   *(yon jan pèdi konpa li)* Ti Jan, vin non, vin
vit, men se yon konkenn chenn jèb flè, wi, yo vin livre la a,
ou krè se pou isit? Se pa pou isit!

(Ti Jan leve kanpe, li parèt pou l gade. Oo, li sezi tou)

Ti Jan   Oo, a la yon bouke estravagan papa, kote l
sòti? Aa, se pa pou isit, siman!...

Tika   Apa yon mesye ki vin pote l la a nan yon
limouzin. Ooo! Se gran zafè wi, li fè m siyen wi.. Oo.. Men,
tout li ma p li a, m pa ka wè kote l sòti ni pou ki moun li
ye...... Pòl, gade pou mwen non... Ki kalite sipriz sa a... Epi
m pa menm an teni menm... Gade eta m... Pòl, gade pou
mwen non...Piga se pou vwazen yo, non. M pa vle gen kont
ak vwazinay, non...

Tika pa konprann anyen, li pa janm resevwa flè, li pa gen moun ki pou voye flè pou li ni pa gen rezon pou yon moun ta voye flè pou li. Li si se yon erè. Anmenmtan, gen yon bagay ki di l: *esi se ta pou ou*, li pa konn sa pou li santi. L ap swe, l ap gade rad li, li pa menm pwòp menm, tèt li pa penyen... li pa konn sa pou li fè. Emosyon an twò fò pou li.

Ti Jan   *(ap eseye kalme tansyon an, men, li gen tan li kat la)*
Men Tika se ou ki pou li afè w, ou lakay ou, siman se pou ou...

Tika   *(inosan)* Kouman ou fè di se afè m nan, se nou de ki rete la a, Ti Jan, vin non, vin li l pou mwen non... Ou konnen ki jan m ye, depi m sezi kè m bat fò, m pa wè byen… Gade, zye m gen tan plen dlo, se premye fwa nan vi m mwen ta vap resevwa flè. Oo, ki evenman sa a en?... Ti Jan, gade byen pou wè si se pou nou wi, m pa vle nou pran sa k pa pou nou, non!

Ti Jan regade kat la ankò pou li ka si, li sezi tou wi, li remèt Tika afè l... Nan pwen bouch... li menm tou, li sezi!

Ti Jan   Ebyen, sa se yon sipriz nèt ale, Tika, fòk ou li l oumenm, m pap di w...

Tika ak anpil emosyon, li pa konn sa pou l di, kote pou li met kò li. Li resi rive li kat la, li vin touble, dlo ap sòt nan je l tout bon kounye a.

Tika   Oo, Ti Jan, ou krè se ou k ta fè m bèbèl sa a, wouwou, m kontan nèt... Mezanmi Sen Jid, ede m li non...

Oo, apa se an Kreyòl, ki jan meriken fè konn ekri Kreyòl?
Oo tande, tande "Ou se pi bon sè ki egziste sou la tè".
Siyen, Pòl.

Tika rive nan bonnèt plezi l. Li, Tika Jozèf, pitit Tisiyad,
moun Okay, nan Dèyè Lagon... marye ak Ti Jan Bonplezi...
Li, Tika Jozèf, madan Jan...resevwa flè?... Resevwa flè!... Li
resi li, li resi konprann se pou li flè yo ye...

Tika   *(emosyon ap touye malerèz la)* Non, Pòl.
Pòl, frè m, oooooo, ala yon bèl jès ou fè sè w...Ala de sipriz
elegan..... Ala yon kado debyen... Ala yon kado galan!
Ayyayay, sa se flè madan prezidan wi.... Ha papa m, se pa
nenpòt ki jès, non, sa ye... Wooooo, m kontan nèt. Pòl,
mwen te toujou renmen w, wi, ou pat bezwen ban m kado,
non, pou m renmen w. Men, ti kado sa a fè m viv.... Ouuuuu,
m pral dòmi byen aswè a. M se moun pou m dòmi reve m se
yon prensès, wi....

Ti Jan   *(ak anpil emosyon tou)* Pòl, nou apresye sa
anpil. Se youn kalite jès m pa janm gen opòtinite fè ak
madanm mwen sitou lè w ap elve timoun, ou konprann. Men,
li konnen, tout lavi m se yon dedikas a li menm, paske li se
yon bon fanm... e se sa m tap chache tou.

Pòl   Machè Tika, m kwè ou se yon bon moun. E
se tout fanmi an ki wete chapo devan w. Ti Jan fè pi bon
chwa a.

* * *

Sa pèsonn moun pat reyalize, sè ke *bèl* la sonnen
menm de fwa deja. Sandra ki ap pase nan ri lakay Tika a, wè

machin Pòl la. Li estasyone, li antre ak entansyon pou li tande ankachèt ki kalite konplo lafami ap makonnen sou do li. Li sonnen, pèsonn moun pa reponn, li antre. Li te la nan pyès devan an, la p tande mesye dam yo ap pale. Kè li adousi lè li wè se pa konplote yo tap konplote sou do l, men lè li tande Pòl di se "Ti Jan ki fè pi bon chwa a", sa te twòp atò, li deside parèt...

Sandra   *(jalouzi mete l an demon)* Ki sa k te gen tan gen la a, kote pi bon fanm nan?...

Pòl   Sandra, que fais-tu ici?

*   *   *

Pandan Sandra ak rès fanmi an ap bat kò yo nan Miyami, pandan ti diskisyon sa a ap kontinye lakay Ti Jan, gen lòt moun nan fanmi an, gwo mwa fevriye sa a, kap bat lanèj nan Chikago, Okanada ak Anfrans tou. Sèke, se pa tout moun ki jwenn bon ti chalè Miyami an nan mwa sa a.... Ann fè yon rive Monreyal, Okanada, kay Solanj Bonplezi. Ou sonje Solanj, avoka a ki marenn Stiv la?

Jodi a Solanj womantik. Pou ou ka konprann sa k fè sa, fòk ou ka imajine ou Kanada nan sezon ivè. Yon jou konsa, ou leve, ou gade nan fenèt lakay ou, epi ou wè tout bagay tou blan devan je ou. Tou blan paske lanèj tonbe tout nannuit, tout lajounen, tankou yon poud glase fenfen sou tout teritwa peyi a...

Yon sezon fini, yon lòt ap kòmanse. Otòn ale, tout fèy fin tonbe sou tout pye bwa... Kanada ap antre nan tinèl ivè a.

Ivè se yon tan ki bèl, tout bagay tou blan, peyi a tankou yon zanj san tach, san peche. Men, se pa tout li... Sòti deyò a, wa wè. Se kòmansman yon peryòd fredi, yon peryòd ki long tou... Se kòmansman peryòd kote toupatou, tout kote fè frèt... Fòk tout kote chofe... Fòk ou chofe kay, fòk ou chofe kò w. Fredi a fin dechennen... Li rantre nan zo mwèl tout moun, li fè mwèl ou tranble tankou l fè anemi...

Lakay Solanj chofe, men wi, li rete nan yon bèl kondominyòm nan zòn Outremon nan Monreyal la... Gwo kote, bèl kote...

Lakay Solanj chofe!... mè wi monchè, lakay li byen chofe!... Men se kè l ki frèt, kè l ki pa chofe... Kè l ki gen frison. Kè l kap konjle kon yon bout glas...

Solanj se yon fi ki womantik, ki renmen lavi, ki renmen mizik, ki renmen pwezi. Ki renmen lanmou... men ki pa gen menaj...

Solanj tankou anpil medam ayisyèn ki mete anpil tan nan etid yo, nan metye yo, nan avni yo. Men, yon jou, yo gade adwat, yo gade agòch, yo rann yo kont yo manke yon bagay... Yon boubout ki pou dousi kè yo.

Lè Solanj te ti jennfi, li te renmen, men yon jou, nèg sa a te pati, li pat janm bay nouvèl ankò apre si mwa. Msye te jwenn yon lòt dam, li te renmen l, li te tou marye... Tuip!... Bliye sa.

Solanj sa a ou wè ki gen chagren damou sa a jodi a, se yon moun ki toujou gen tan pou tout moun, li se yon gwo

avoka trè popilè nan Monreyal la. Men, li se yon anmorèz
san anmore... Gendejou li leve, solitid la ap toupizi l...

Jodi a, li nan kabann li, se pwogram Radyo Kanada a
ki leve l nan dòmi. Men, li pa anvi tande vwa ni Joel
Lebigot ni Francine Grimaldi. Li pa anvi konnen sa kap pase
deyò a... Se ti kè l li ta dousi ak yon ti mizik Mirèy Matye...
Li ta chofe ti kè l.

Li mete ti mizik li, li retounen antre anba dra l pi rèd,
l ap reflechi... Yon ti pwezi vin pafimen lespri l:

"La vie est belle, le monde tressaille
L'amour s'endort, l'hiver s'en vient.
Comme les fleurs et leurs pétales
Le froid m'emporte, c'est l'hiver!

La vie s'endort, le temps soupire,
Le ciel est gris, le monde a froid.
Dehors il neige, mon coeur se glace,
J'ai beau lutter, mon âme a froid!

Je ne sais plus ce qui m'arrive,
Ce temps de neige m'adoucit
Sans bruit, il envahit mes sens,
Me berce d'amour et de désir

Oh, que je ne voudrais aimer,
Fermer les yeux, laisser mon âme
Se griser d'un bonheur sans fin
A savourer à l'infini!
Oh Canada, mon beau pays
Ma seconde terre, seconde patrie

J'ai beau t'aimer, et te choisir
C'est d'Haiti que je languis...

En ce matin de neige blanche
Mon coeur soupire de nostalgie
Ça lui prendrait un beau soleil
Et la chaleur d'Haiti...

C'est peut être la qu'il fait sa vie
L'homme de mes rêves, ce beau noir
Qui pense à moi sans me connaitre
Lui dont je rêve certains soirs...

Il me dirait(*L' Homme de rêve*):
Viens donc chérie,
Où étais-tu tout ce temps la
Viens dans mes bras, viens donc plus près,
Que je te serre avec passion
Pour ne plus jamais te laisser

Viens que j'te fasse d'amour vibrer
O femme que j'ai tant attendu
Viens que j'te fasse frissonner
Et que j'te fasse d'amour pleurer.

(Solanj):

Je lui dirais, où étais tu?
Combien longtemps j'ai attendu!
Il me dirait

(L'Homme de rêve)
Où étais tu?
Combien longtemps je t'ai cherchée

(Solanj et l'homme de rêve ensemble)

Alors de bonheur, désormais
Nos coeurs aimants s'enflammeront
A tous les temps, et en tout temps
Le verbe aimer conjugerons.

Se konsa dòmi repran Solanj. Yon ti gout dlo kouri nan je l
pou soulaje l nan lapenn sa a... Ou tou wè, jodi a, l ap rive
nan travay li anreta.

CHAPIT 5

Chak Moun Ak Pwoblèm Yo

Pandan dòmi te retounen pran Solanj, pa bò isit, nan Miyami, nou sonje, pandan Pòl anvizit kay Jan ak Tika, manzè Sandra te vin parèt. Li te sonnen, pèsòn moun pat reponn. Kidonk li te rantre nan salon lakay moun yo alòske pèsòn moun pat konnen li la. Men kòm tout moun te okipe ap admire yon sipèb bouke flè Pòl te kòmande pou fè Tika sipriz, pèsòn moun pat tande ni lè li te sonnen, ni si li te la ap tande tout konvèsasyon ki tap dewoule a. Li te pwofite mete kò l yon jan pou li te tande tout bagay ki t ap di. Ou konnen li toujou renmen swiv konvèsasyon Pòl ap fè, paske li se yon jan de fi ki toujou ap epye mari l. Epitou sanble li toujou ap chache yon pretès pou l fè kont tou. Men, sèl sa li te resi tande nan tout eksitasyon ki te gen nan familiwoum nan, se yon kokenn chenn konpliman Pòl te fè Tika...Oo, "Ti Jan fè pi bon chwa a !..." Sa te eksite ògèy li! Li te parèt tou fache, bridsoukou nan konvèsasyon an, paske li te pran konpliman Pòl te fè Tika a pou yon jouman pou li. Kòm ki dire, li pa yon bon chwa li menm? Tuip! Pa gen konparezon! Ou wè Pòl la pa gen gou vre!

    Manmzèl te antre kareman sou moun yo pou fè konnen sa l panse. Kounye a, nou nan *familiwoum* kay Ti Jan ak Tika a, n ap tande konfwontasyon ant Sandra ak Pòl.

Pòl   Reponn mwen, sa w ap fè isi a...

Sandra   *(pat atann li ta wè Pòl reyaji konsa devan moun yo)*
Anyen! sa w ap fè isit la oumenm?

Pòl   *(ak iwoni)* Oo, m kay sè m ak frè m, m kay neve m ak nyès mwen... Oo, m vin anvizit... Ki jan, se pou m mande w lapèmisyon pou m vin isit la?...

Sandra   Ou wè, ou wè sa m tap di nou an, ou wè ki jan li pale avè m... Se tankou se ak bòn li, wi, l ap pale... Depi ou gen fanm nan ou gen tan vin frekan... M pa nan rans avè w non, Pòl, m vle ou di m ki sa ou vin fè isit la....

Pòl   Tika, Ti Jan, aplita tande, n a wè, mwen met deyò... Epi Sandra, m pa renmen jan de atitid sa yo. Konfòme w tande!

Sandra   W ap antre lakay wi, paske m gen bagay serye pou m pale avè w...

Pòl   Sandra, je retourne à l'hopital. Pa kite timoun yo poukont yo, m pa renmen sa... Epi, m pa renmen atitid sa a tande!... Sonje m di w sa!

Sandra   Pòl, m pa rete avè w non, m di w mwen gen pou m pale avè w, w ap dim aplita? Se kounye a m vle pale, mache w al lakay, paske mwenmenm se pati map pati, wi...

Pòl   De ki sa w ap pale la a, pati kibò?

Sandra   Oo, je retourne en Haiti moi-même...

Pòl   Ou byen nan tèt ou? sa kap pran w...?

Sandra   Je retourne chez mes parents. Je pars avec les
enfants. M pa nan rans mwenmenm. Gran mal, gran remèd...

Pòl   Sandra, kalme w tande, m pa anvi plezante.
Si ou gen yon konvèsasyon pou fè avè m, pran san w, tann
mwen rantre lakay. Dayè, pa vin twouble lapè nan kay isit la,
oke?

Sandra   *(chanje lang nèt)*   Ki lapè m ap vin
twouble a, se lakay mwen m ye tou. Ti Jan ak Tika se fanmi
m yo ye tou. Si m gen yon pwoblèm, se yo mwen genyen
pou m pale...

Sandra pete kriye, gwo kout kriye, tankou timoun piti
rechiya, epi li kontinye pale.

Sandra   *(ak òkèt)*...Sèke, se yon bagay ki fè mal...
(hik…) lè yon moun gen yon mari... (hik…) kap ba w
pwoblèm ... (hik…) Mwenm menm, (hik…) m pa nan bagay
sa a non... (hik…) M pa janm gen pwoblèm... (hik…) M pa
vle gen pwoblèm... (hik…) Fanmi m pa vle m gen
pwoblèm... (hik…)

Pòl   *(ak konpasyon)* Sandra, ki pwoblèm ou? Bon,
pale ou fini ak sa!...Ou pa santi w byen? Ou gen lafyèv?

Sandra   *(reprann awogans li paske li santi Pòl vle
                    miyonnen l)*
Ki pwoblèm mwen? Ki pwoblèm mwen? Ou pa wont w ap
mande m ki pwoblèm mwen? Ou se pwoblèm mwen! A pa
ou ki avèk yon fi nan lopital la!...

Pòl   *(byen sezi, l ap gade Tika ak Ti Jan)* Ki fi ki
avè m nan? Ki sa l ap di la a?

Sandra   Men wi, ou gen yon moun deyò, se sak fè ou
chimerik avèk mwen konsa a...

Pòl   *(Pa konn si pou li pran Sandra oserye ou non,
                    li kontinye ap gade Ti Jan ak Tika youn apre
                    lòt)*
Ki sa lap di la a, ou konnen m pa konprann? M pa konprann
anyen nan sa l ap di la a, non? W ap reve Sandra? M pap
okipe w! Eske ou malad? Ou santi lafyèv? Di m ki sa ou
santi?

Sandra   *(fache)* A pa w ap pase m nan betiz? Pòl, ou
jwenn mwayen ou renmen ak yon fi nan lopital la, tout moun
sou de ran ap gade w kap iwonize m, moun ap mande m ki
jan m fè pa konn sa...

Pòl   *(Pèdi pasyans paske li pa konprann koze
                    Sandra ap di a menm)*
Tika, Ti Jan, se pa vre tande, m pa konn sa Sandra ap di la a.
M panse li vle jis fè kont pase lide l di l fè kont! Bon, m ale,
m pral nan lopital la, m desèvis.

Tika   *(ak tout inosans li)*   Pòl, ou pat dwe ale,
non, ou te dwe *kòl sik* pou ka rezoud bagay sa a ak Sandra.

M pa ka wè nou gen pwoblèm menm non. Mwenmenm,
mwen pa ta panse jan de bagay sa yo te ka rive nan fanmi
nou, non... Pòl, ou konnen gen maladi deyò a, m pa ta
renmen anyen mal rive w, non!...
Aa, Pòl move. Li santi Ti Jan ak Tika gen yon dout, petèt yo
kwè Sandra. Sa deranje l tigout, sa fè l yon jan enpasyan...

Pòl   Ki sa ki pou rive m nan? M te krè m di se pa
vre? Bon! M fin pale!...... M ale tande, abyento!

Ti Jan   *(Pa konn sa pou l panse)* See you man. Take
care. Please take care...

        Pòl ale, msye pa ni fache, ni kontan, li rete tankou m
ta di w Sandra se imajine li imajine afè l poukont li, msye pa
sanble li gen yon fi vre, non, men... ou pa janm konnen! Tika
pa konn si pou li kwè, si pou li pa kwè. Li antre nan chanm li
l al pale ak Sen Jid...Ann tande ti lapriyè li a:

Tika   *(ak tout devosyon l)*   Sen Jid papa, ou se
patwon m, tande m byen, tande m wi, papa, bagay sa a pa ka
fèt. Ti dam nan se yon ti tèt chaje se vre, men nou pa ta ka
kite Pòl fè l yon bagay konsa, la a, nan pla figi nou la a. Sen
Jid papa, m mande w pou w di yon mo nan sa… Si se pa vre,
mennen fanmi an nan lapè… Men, si se vre, manifeste kòlè
w lamenm pou Pòl ka konnen nan tan sida sa a, se pa yon
konduit ki akseptab, tande Sen Jid. M mande w sa, wi,
manifeste w onon Bondye nan syèl la, se pou w kraze sa,
onon Leseyè se pou fè tè a tranble....

Yon gwo bwi fèt, bwi a koupe lapriyè a sèk, kè Tika kase
yan!...

Tika   *(pè manifestasyon kòlè Sen Jid la. Li pèdi tèt*
                        li la menm)
Anmwe! Anmwe! Sa m wè la a! Sen Jid papa, sa w reponn
mwen la a?
Ti Jan kouri antre nan chanm nan dèyè Tika, li tande rèl la li
konprann Tika gen yon bagay...

Ti Jan   *(ap esoufle, pale byen fò)* Tika, sa w genyen?

Tika   Apa Sen Jid ki fèk manifeste l devan m la a...
Se vre, wi... Pòl gen lè nan yon bagay vre, wi!

Ti Jan   *(sezi pou jan Tika asire l sou afè Pòl la)*
Kote w jwenn sa?

Tika   *(ak tout lafwa li)* Ebyen, m sot lapriyè l la a,
mwen mande li pou li manifeste l, pou li kraze sa epi m
tande yon sèl bwi tankou Sen Jid ta fè yon gwo kòlè...

Ti Jan   *(leve de je l anlè ak iwoni)* Men non machè,
apa se mwen ki sot lage galon dlo a atè pandan m ap bay
Sandra yon ti dlo! Mete tèt ou anplas, non, machè, m pa
menm fin si Sen Jid konn pale Kreyòl menm, alevwa pou li
ta reponn ou vit konsa!... Fòk li ta gen yon tradiktè... Machè,
al pale ak Sandra, non, li la a toujou, wi, l ap kriye nan salon
an, kite Sen Jid trankil... Gen lè se Sonson sèl ki ka pale ak
Pòl...

Tika ak Ti Jan retounen al chita ak Sandra nan *familiwoum*
nan, Ti Jan di l li pa vle wè l ap kriye konsa la a...

Tika   Ki sa nou ka fè pou ou Sandra?

Sandra   Ki sa pou nou fè? Ki sa pou m fè! Moun
lakay mwen te deja di m mwen mèt tounen, m ap pran avyon
m tounen tounen mwen...

Ti Jan   Sandra, m te krè Pòl di w se pa vre?

Sandra   Li di sa konsa, men, ou tou wè se nan lopital
la li vle rete.

Tika   *(tankou yon espesyalis nan zafè msye ak
              madanm)*
Sandra, ma sè, tande byen sa m ap di w: pa fè yon pa. Rete
isit ak pitit ou yo. Rete lakay ou. Pran san w. Pale ak Pòl,
men, pale avè l ak dousè, epi wa wè, tout bagay ap antre nan
lòd. Nan fanmi an, pa gen moun kap dezini tande, pa gen
moun kap vin fè pèsòn moun lapenn la a. Pandanstan an, m
ap lapriyè pou ou tande, pa kriye tande sè m...

                            * * *

        Pandanstan an, Gaston li menm sot nan yon reyinyon.
Ou konnen, li te bezwen konnen ki jan afè anbago a ye sou
Ayiti, si y ap leve l, si y ap kite l, annenmo, ki tounan Ayiti
ap pran. Yo te di l tout bagay pral depann de rezilta
eleksyon ki gen pou fèt Ozetazini an... Kounye a, eleksyon
fin fèt, anyen menm. Msye anmède... Li ta fè yon ti rive kay
Ti Jan, men li pa anvi tande Tika kap foure koze maryaj nan
gòjèt li a. Li pa anvi al kay Pòl non plis tou, Tika te gen tan
di li mesyedam yo nan kont. Msye deside telefone Ayiti...

        Gaston pran telefòn nan, li konpoze nimewo kay
manman l. Li toujou gen anpil plezi lè l ap rele Ayiti.
Pandan l ap fè nimewo yo, li toujou santi lespri l vwayaje,

rive Ayewopò Mayigate... Se tankou li santi kokenn chalè li konn santi a lè li desann avyon an, lè li sot nan èkondisyone avyon an epi li pran yon douch chalè imid peyi a nan papòt avyon an menm. Se menm chalè sa a tou li konn santi nan bra Man Sonson lè li pase de bra l alantou l, lè l ap bo l de bò, twa bò, dis bò... tèlman li kontan wè l... Ala yon madanm, se Marilisi Bonplezi sa a...

Pandan l ap fè ti refleksyon sa a, telefòn nan ap sonnen nan Bwavèna, Pòtoprens, Man Sonson pran l...

Gaston   Alo? Alo manman, se Gaston. Ki nouvèl?

ManPlezi   *(yon jan eksite epi kontan tou)* Oo, Gaston , depi w rele sa vle di ou pran nouvèl?

Gaston   *(etone)* Nouvèl ki sa?

ManPlezi   *(pi sezi atò)*   Oo, ou pa konnen... ebyen pito m pase w papa w...

GwoSonson   Alo Gaston? Tande non, èske ou pran nouvèl Jera?

Gaston   *(enkyete)*   Sa Jera genyen???

GwoSonson   *(pi enkyete toujou)* Oo, men sa enkyetan… Ou pa pran nouvèl Jera?

Gaston   Papa, se sa m ap di w la a, wi. M pa pran nouvèl li, sa k genyen?

GwoSonson   *(ap ezite)*   Ebyen monchè, sa se dwòl
sa!... Mafwa... Ebyen, ou konnen, nan lavi, gen yon moman
ki rive...

Gaston enpasyan, li santi gen lè gen yon bagay grav ki pase,
men, papa l ap pare pou l fè yon diskou entwodiksyon la a,
fòk li koupe sa byen vit, li bezwen konn sa k genyen...

Gaston   Papa, èske ou ka di m egzakteman, dirèk
dirèk ki sa kap pase?

GwoSonson   Men monchè ou twò prese... Mwenmenm pou
kont pa m, se gwo sezisman m fè la a, paske m konprann se
nouvèl Jera ou rele pou ba nou la a...

Gaston   Papa, sa w ap di la a?... M te krè Jera Ayiti
avè w...?

Bon, GwoSonson gen tan wè nan ki sa l pran. Men Gaston
pa gen nouvèl Jera. Li santi kè l ap moute nan kou l, gwo trip
li ap vale ti trip li. Talè konsa sik li ka moute tou.... Li vin
frèt kou yon blòk glas, tèlman nan imajinasyon l, li gen tan
wè fanmi an nan pwoblèm... Jera gen lè pèdi... li vire l ap
pale ak madan m li, pandan l nan telefòn long distans lan...

GwoSonson   Marilisi, tanpri pran yon grenn sèl pou mwen,
men se tout bon vre Gaston pa gen nouvèl Jera...

Gaston   Papa! M ap pale avè w, w ap pale ak
manman. Se sou long distans mwen ye la a, wi. Èske ou ka
di m pou la dezyèm fwa ki sa ki rive Jera? Eske li malad? Se
nan long distans wi, nou ye la a, se yon pakèt lajan sa ap
koute, pale klè, pale vit... Èske li malad?

GwoSonson   Non, li pa malad... Li kase kòd... *(epi l ap pale poukont li)* Woo, nou pran!...

Gaston   Li kase kòd? Sa sa vle di?

GwoSonson   Sonson, sa w genyen ou pa sa konprann nan... Li met deyò! Se sa m ap eseye di w la an *daki,* wi...

Gaston   Ki jan, se pati li pati tout bon vre?

GwoSonson   *(soulaje, Gaston resi konprann.. Men, ala nèg lou papa!)*
Enhen, enhen...

Gaston   Li pati al kibò?

GwoSonson   M pa konnen, li pati, li pran Edit ak toulesis timoun yo, l ale Latòti, yon bagay konsa... Delaetan, li te gen pou li te pran bato...

Non, koze a twò fò pou Gaston. Sa l tande la a...? Kè l pran bat fò tou, l ap swe... li kontinye ap poze kesyon...

Gaston   *(pa ka kwè)*   Ki sa? Ki sa ou di la a? Ou touye m papa! Gaston pran kanntè?

GwoSonson   *(pa vle koze a vante)*   Pa pale fò, non, ou pa bezwen di tout bagay nan telefòn... Ou pa menm bezwen mansyone non l menm. Kounye a, sa k enpòtan, m bezwen konnen si li rive...

Gaston   *(dezanpare)* Rive kibò?

GwoSonson   *(kouman Gaston fè lou konsa a toujou?*
                  Kouman li fè ap mande rive kibò a?) ...
Ki jan kibò a, Gaston, Jera pati, l al laba, m konnen kou li
rive la p rele ou. M pa konprann ki jan fè, tout tan sa a li
pako rele...

Gaston   Ki jou li pati la a menm?...

GwoSonson   M pa ka di w. Dabò, li vann tout bagay li yo.
Ou konnen li te pèdi travay li... Li vini la a, li rakonte m yon
pakèt bagay. Tout sa m fè pou li rete, m di l m ka jwenn yon
ti djòb nan Kabinè Biwon an pou li, li pa vle. Li di m li pral
pran chans li... Li pa ka betize ak avni timoun yo...

Gaston   Kote timoun yo kounye a?

GwoSonson   M te kwè m di w li pati ak timoun yo tou...

Gaston   Oo, ak toulesis timoun yo?

GwoSonson   Menm ak tibebe a tou... Li pat vle kite ankenn
moun dèyè! M pa konnen mwenmenm, tout sa m di l, li pa
vle tande... Lè a te rive pou l te ale... Te m pase w manman
w, li vle pale avè w...

ManPlezi   *(enkyete, prèt pou endispoze tou)*   Gaston,
ki fè ou pa gen nouvèl Jera? Ki jan sa fè fèt? M konnen li
rive deja, wi, m konprann li avèk nou...

Gaston   Manman, si sa papa m di m nan se sa, Jera
nan pwoblèm... Nan gwo pwoblèm... Lè yon moun deside
antre ilegal Ozetazini, depi ou nan pran kanntè, se nan yon
je zegwi ou gen pou w pase anvan ou resi antre nan sistèm

nan..... Mwen pa konn sa pou m fè, non ... Antouka, te m rakwoche, m pral fè detwa kout fil la a, pou m konnen sa kap pase... M ale, ma rele nou dèke mwen gen nouvèl...

ManPlezi   Rele nou pita pou di nou ki jan sa ye..

Gaston   Manman, sa ka pran jou, semèn menm si se pa mwa anvan nou konnen kote Jera ye...

ManPlezi   (*pa konprann anyen*) Ki sa ou di la a? Pou m pa gen nouvèl Jera menm? M a mouri, wi...

        Gaston rakwoche. Tout san l tresayi. Se kou li fin rakwoche telefòn nan li rann li kont nan ki sa li ye la a: frè l, frè l Jera pran kanntè!...Li tande pale de sitiyasyon sa a, li te toujou enterese ede moun ki pran kanntè, moun ki gen pwoblèm, moun ki pa gen papye, tout sa w ka imajine, men, li pa ta janm panse youn nan frè l yo ta nan ka a. Jera Bonplezi wi, Jera, wi, se pa vre!

        Lè li sonje sa li wè Kwòm, Sendomeng ak Guanntanamo, tout san l tresayi, tout plim sou do l kanpe. Yon lafyèv frison travèse l depi nan zòtèy rive nan pwent cheve l, anpasan pa ti trip li...Msye kouri nan twalèt prese prese... Lestomak li sou woulib, trip li pa ka anbreye...Fyèl li gen lè pete!

        Li chita, li kanpe, li leve, li mache toupatou andedan apatman an, li pa ka sot nan rèv sa a... L ap sonje vwa manman li ki di l pou li rele l pita pou bay nouvèl... Ki nouvèl? Kote l pral pran nouvèl?...

Toudenkou li reyalize ka gen bon nouvèl, ka gen move nouvèl. Li reyalize ke nan move nouvèl yo ka gen yonn ki pi rèd pase tout, se lanmò... Lanmò nwaye nan ti bato, nan ti kannòt azizwèl nan mitan lanmè michan.... Li pa ka sipòte ankò...

Li deside rele Pòl ak Jan pou mete yo okouran paske bagay la grav... Li rele Pòl, pa gen moun nan kay la... li rele kay Ti Jan se Tika li jwenn ki ap mande l si li manje deja, pouki li pa vin pran yon ti kafe... Li pa santi li ta pale ak Tika kounye a paske Tika pap ka fè anyen pou li...ni Sen Jid li a...

Lè li gade, li wè, Solanj byen lwen, Nikòl twò okipe ap fè lajan, epi tou se pa moun ki enterese de sa kap pase nan fanmi an, li panse rele Antwanèt, ti sè li a ki Chikago a, men, se yon lòt ankò....

Li deside rele Antwanèt, sa l fè li fè!

Li pran telefòn nan menm jan yon moun ta kenbe yon poto elektrik byen di lè yon siklòn bare l nan mitan yon lari epi van ap eseye bwote l ale devan fèy tòl deklouwe kap vole kite do kay pou vanse rache kou l, oubyen se tankou li ta lanmitan yon lanmè move, epi antonwa toubiyon lanmò ap rale l desann epi l ap chache yon chanm kaoutchou kap flote pou l kenbe ... Ou konnen ou nan ka, men ou kenbe di... avèk lespwa yon mirak...

ring.....ring.....ring

Gaston   Alo, Antwanèt? Se Gaston...

Antwanèt   *(toujou bwòdè, ou konnen)*
             Hi *darrling*, how are you...?

Gaston   M la, m ap kenbe... M rele w pou m di w Jera
pati...li kite Ayiti!

Antwanèt   *(toujou endiferan, so what!?)*Good for him.
N'est-ce pas? Il était temps... M pa t ka *konprrann* ki jan li te
fè *rrete* dèyè toujou...

Gaston   Tande m byen. Se kanntè li pran!...

Antwanèt   Gaston ki sa w di la a?... Nooo, ou pa bezwen
di m plus, m pa vle konnen ankò!.. Sa pa *enterrrese* m *dutou*
pou moun nan *antourraj* mwen konnen m gen fanmi m ki
prran kanntè. M byen kontan ou *rrele* pandan *Anrriklod* pa
la, li pa menm bezwen konn sa menm...

Gaston   Kòkòt, ki sa ki nan tèt ou? M rele w pou m di
w frè w pran kanntè, li dwe andanje epi w ap di m ou pa vle
moun nan sèk ou konnen? ...

Antwanèt   *(endiye, li pa mele ak moun ki pran kanntè)*
Wouy, wait a minute *darrling*, telefòn nan ap abime zanno m
nan... Tann mwen *rretire l* .... Now, listen. Konvèsasyon sa
a pa *enterrresan* menm non...Gaston, fòk mwen kite w tande,
m gen yon *rresepsyon* la a pou aswè a, m poko menm
kòmanse *prreparre* m menm. Zong mwen poko fèt, m pako
konn ki *rrad* m ap mete, pandan w ap pale avè m nan, se lè
pou m ta va l pase yon ti tan nan espa a... M ale tande anvan
ou gate san m...

Gaston   Kòkòt, e si m te rele w pou m di w Jera
mouri?

Antwanèt   Ecoute, Gaston, pa *manipule* santiman m.
Jerrra pa *mourrri.* *Jerra prran* bato, menm jan m te *prran*
avyon mwenmenm yon jou a! Li pa yon timoun, si li *prran*
bato, li konn sa la p fè... *Jerra* pa moun ki nan
nesesite...*Surrrman* se yon *kwazièrr* li *prran*, ou dwe mal
konprrrann...

Gaston   *(desi men, li tèlman dezanpare, li oblije pran
pasyans ak Antwanèt)* Kòkòt, ki jan ou fè ap di sa?... Ki
dènye fwa ou pale ak Jera?...

Antwanèt   Listen, *darrrlinng*, I *rreally* have to go. Si
gen nenpòt ki kotizasyon kap fèt nan fanmi an, wa fè m
konnen... J'ai ma vie a *vivrre*, m pa ka ap *prran prroblèm* lòt
moun pou m mete sou mwen... Quand on est un *arrtiste* et
un *modèle*, tu vois, on a les mains pleines!

Gaston   *(ak anpil desepsyon nan vwa l)* Kòkòt, èske se
enterese ou pa enterese nan Jera?

Antwanèt   Wi, mwen *enterrese* nan *Jerrra*, men, mwen
pa *enterrrese* nan sa Jera ap viv la. Bagay sa a pa gen anyen
avwa ak vi m... M se moun lè m leve maten, m fè yoga,
aprrresa m al fè yon *marrch, aprre*, m *rrantre*, m tann
maseurr la vin mase m... Depi tan m pale w la, li gen tan
prreske lè dejne m. *Aprre*, m kòmanse ap *rresevwa* kout fil
adwat agòch...

Antwanèt poze pou l fè yon ti vale krache l anvan l trangle
epi li kontinye...

Antwanèt   ...Nan semèn nan pa egzanp, m gen pou m al
nan yon *antrrrevu* pou yon fim kap filme Wèspalmbich....
Ou wè, ... m bezwen tout lapè *desprrri* m pou m *konsantrre*
m sou bagay sa yo... m pa ka imajine m *rreyalite* yon moun k
al *prran* kanntè....*Pense, monchèrr, pense!*

Gaston   Ebyen, sebon!...M kite w tande.... Si li bon
pou ou, wa wè l...

Antwanèt pa menm okipe menas sa Gaston ap fè sou
konsyans li a, li twò okipe nan bagay enpòtan, bagay moun
serye kap regle gwo koze, kap pale yon Kreyòl pwenti san
batistè, ki pa ni Kreyòl, ni Franse... Antwanèt sensèman pa
ka konprann gen moun ki gen pwoblèm, ki bare, ki nan
difikilte, ki pran nan twawa, ki oblije pran desizyon ki di
anpil nan lavi a. Pou li, tout moun ki vle alèz ka alèz, depi
yo vle. Se fòt yon moun si li pran nan mera!

Non, Antwanèt fè twòp efò nan lavi l pou l iyore moun sa a
yo. Kouman li ta fè konprann pwoblèm yo? Epi li rive vre: li
mèt tande milye moun ap mouri, ap soufri, se pa pwoblèm li.
Li pa konprann moun ka gen pwoblèm, moun ka bezwen yon
viza, moun ka pa ka gen viza, moun ka pran kanntè. Menm
si se frè l. An tout senserite!...

Gaston pa ka konprann atitid sa a, ni rezonman sa a, paske,
limenm, se chak jou li santi batman kè pèp la, se ak de je l li
wè doulè pèp la, Anayiti, toupatou, nan Kwom, Sendomeng,
Bahamas, toupatou kote y ap toupizi vye frè l yo. Kouman
yon sè l fè panse konsa? Non, Gaston fè twòp efò pou li
konprann doulè, mizè ak tribilasyon pèp la pou li ta rive nan
estad pou l konprann Antwanèt.

Fanmi Anayiti se mistè, Gaston panse. Frè ak sè, manman, matant, monkonpè, nenpòt ki moun ou viv avè l pre andwa panse egzakteman lekontrè de jan ou panse...

Men Kòkòt enève Gaston, pito l rakwoche vre...

Antwanèt   Bay *darrling*, bonjour a Margarèt...

Gaston   *(rakwoche san reponn)* Tuip!

      Gaston fèmen telefòn nan epi li fèmen de zye l. Li pa konn pa ki jan pou li kòmanse chache Jera. Poutan, li abitwe ede moun ki nan tout kalite enpas, li konn ede moun fil papye pou imigrasyon deja. Men lè se frè w, epi ou pa menm konnen kote li ye, si li vivan, si li mouri, se pa menm bagay... Li fèmen de zye l epi dlo kouri nan je l. M te krè li te di li pa tap janm kriye ankò!

      Epi dòmi pran l.... Yon dòmi lapè ak dezespwa. Nan dòmi an, li reve Anit, pi gran pitit Jera a vin kote l. Se kòm si li wè yo sou bato a. Anit, ki dwe gen apèn trèz zan vin pale avè l nan dòmi. Men sa li di l:

Ton Gaston,

Men ki jan bagay la pase:

Papa fè yon reyinyon ak nou tout, li
             [di n ap pati
Nou tout ape pati, nou pral nan wout
             [laglwa,
An bon jan Bonplezi nou pral chache
             [lavi

Nan peyi lòt bò dlo, nou pral jwenn
[lòt fanmi...

Lè jou a resi rive, manman fè malèt
[nou
Nou kite Pòtoprens, nou ale nan
[pwovens
Nou kite tout wout tè nou pran wout
[koridò
Jiskaske nou rive Nòdwès, pre Latòti.

Nou te kontre ak moun, timoun tankou
[granmoun
Tout gen kè yo kontan, demen yo pral
[pati
Se tankou kanaval, se tankou yon
[maryaj
Demen anvan solèy nap kite Ayiti...

Nou leve byen bonè, a twazè dimaten,
Nou pate menm dòmi tèlman nou tap
[tann lè avanjou rive.
Papa te di konsa: an avan tout timoun,
Jodi a se lajwa. Jodi a nap pati.

Manman pate pale, li pran Jinyò sou
[bra l
Tififi ak Patrik te kenbe ke jip li
Mwenmenm avèk Chalin nou chak gen
[yon malèt
Pandan Fanfan limenm te pote kantin
[yo.

Kannòt la derape a katrè dimaten
Klòch legliz la te sonnen yon jan
        [dwòl, mwen fremi
Kòm si dire Bondye ap gade nou
        [pati... ak chagren.

Men papa te vanyan, li santi nou
        [kagou
Li di mèchè zanfan, an avan, an avan...

Nou pa te pran anyen, menm pa yon ti
        [poupe
Tout sa te ret dèyè, lakay marenn
        [Jinyò
Nou pat pote anyen, paske papa te di
Nou prale, n ap pati, nou pa bezwen
        [anyen...

Lè bato a kite tè, te gen prèske san
        [moun
Ki anbake avè n, tankou yon kanaval
Yo tout te pran chante Ozana, Ozana!
Nou pat konn chante sa a, men li te
        [sonnen dous.

Lè manman wè se vre bato an derape
Li te pran chante tou, epi vwa l ta p
        [tranble
Tankou li vle kriye, men li pa vle
        [kriye
Li te fèmen de zye l...
Manman pat janm pale, li pat menm
        [gade nou

Se tankou se zonbi l ki te prale ak
        [nou
Tankou li ta kite bonanj li Ayiti
Tankou se yon moso l ki ape swiv
        [mari l.

Li te pote sou bra l Jinyò ki tap
        [dòmi.
M te kite Tisè apiye sou janm mwen.

Bato a pran tange, bato a balanse
Papa t ap gade lwen, tankou l ap
        [pichpich je l
Tankou li konnen byen ki kote la p
        [mennen n.
Tankou li gen tan wè kote n ap debake.

Kannòt la te chaje kouleba ak kretyen
Pate gen kote menm pou mwen lonje pye
        [mwen.

Lè li te fè sizè, nou te lan mitan
        [dlo
Lè mwen gade dèyè, lè mwen gade devan
Pa te gen tè ankò.

Latè te disparèt, se dlo sèlman m te
        [wè...
Pa devan, pa dèyè, sou kote,
        [toupatou,
Se dlo sèlman mwen wè
Pa gen latè ankò...

M pat janm ta panse, yon dlo te ka
                   [si gran
M pat ka imajine m yon dlo te ka si
                   [fon
M pat ka sipoze pati te ka si long.
Vwayaj sa a twò long!...
Kilè pou nou rive?

Men kou dlo a rete konsa li vin move
Tout kanaval fini, tout moun vin pran
                   [rele
M pa ta janm panse kanaval ta ka rete
                   [konsa
Pou li kraze, pou li vire
                   [bouchanba...
Nan mitan lanmè a, mwen pa menm konn
                   [naje...

M pa ta janm konprann vwayaj la ta
                   [rete nan mitan lanmè a...
Eske se rive nou rive deja?

Tout moun ape rele, kannòt la ap
                   [koule
Moun ranni tankou bèt, de je tout
                   [moun sòti,
Men lanmò ap vin pran timoun tankou
                   [granmoun
Tankou reken grangou, tankou yon
                   [lougawou...

Monnonk Gas, nou sou wout, nou tap
                   [vin wè w

Men nou pape rive, lanmè a bare wout
Ledesten deside, se la n ape rete
De je nou pap kontre, nou pap janm wè
    [ankò...

Dènye fwa mwen te wè papa avèk
    [manman
Se de bra yo m te wè kap chache m
    [anba dlo a
Manman pate konnen nan tou le sis
    [byen l yo
Kilès ki te koule, kilès ki t ap
    [sove...

Anvan m fèmen de zye m pou m ale jwenn
    [Bondye
M sonje w mononk Gas, ou te yon bon
    [tonton
M sonje w, m sonje jwèt mwen yo

M sonje Ayiti, m sonje lòt bò dlo...
Tout bèl foto sa a yo, ala yon bèl
    [kote...

Men lanmè a pi fò....

CHAPIT 6

Papa Ak Pitit

Dapre sa n aprann la fwa pase, Jera, Edit ak timoun yo nan wout. Yo pran kanntè, se ManPlezi ak GwoSonson ki te bay Gaston nouvèl la. Gaston limenm te fè yon rèv, yon kochma menm. Nan dòmi an li wè se Anit, premye pitit Jera a ki te vin di l bato a fè fon... Depi lè sa a, fanmi an ap tann plis nouvèl...Men pèsonn moun poko gen nouvèl Jera jiska prezan. Pandanstan an, Stiv sòt lopital. Depi semèn pase a, li lakay li. Msye anfòm. Li pa menm gen yon ti mak menm. Msye sòt manje la a, epi li gen lè pare pou l sòti pran lari. Ti Jan ak Tika gen lontan yo t ap tann moman sa a...

Ti Jan   *(ak afeksyon)* Son, how are you doing?

Stiv   *(ak asirans)* Better, dad. Much better. I feel great. Actually, I am ready to take off...

Ti Jan   *(grate tèt li, andire sa ba l kouraj pou l pale)* Well, ... before you take off, let's talk...

Stiv   *(O-o, li te bliye pati sa a)*   Here he goes, am I going to be lectured?

Ti Jan   *(rale ton granmoun li pou li fè Stiv konnen se li ki bòs li)*
Why not? Stiv, If I want, I will lecture you. But this is not my intention. Listen: I have to praise you for being so courageous. You have recuperated so fast! I am proud of you... but I am still in chock...Gad jan w refè la a, ou wè mwenmenm, jouskounye a mwen dekonstonbre toujou!...

Tika   *(dramatik)* Chak tan pitit ou andanje se tankou se tranche ou genyen ankò wi.... Aksidan, se pa rans, non!

     Aa, Stiv gen tan rann li kont bagay la pa senp, jan papa l sentre l la a, epi manman l gen tan ap pale de tranche, li konnen gen yon bon règleman yo pral fè avè l la a, pito l al dousman...

Stiv   *(bezwen fini ak sa)*   Well dad, it's over now...

Tika   *(fòk li pale pou li pa toufe)*   Sa poko ka fini, non, Stiv. Jouskounye a, tanzantan m santi tout zantray mwen bouyi. Bagay sa a ou krè m ap janm bliye l...?

Ti Jan   *(ap jwe wòl papa. Se pou li fè Stiv konnen sa ki manke rive l epi ki jan sa tap dechire kè l)*
No, it's not over. Your mother and I have seen you, blood all over... San w koule, pitit! Se pa rans.. We went to the nightmare of seeing you near death... Can you picture us at Jackson Memorial, waiting for a physician to tell us about your fate, you Stiv, our unique beloved son ...E si doktè a te

vin di nou w ap rete paralize...Do you understand? Ou
konprann, Stiv?

Stiv   *(vle fini ak koze a poliman pou li ka soti)*   I
understand, dad...but I can't take it now...Tanpri...   Peut on
parler de ça un autre jour...? Please...

Tika   *(ap mete presizyon)*   Non Stiv, pa gen afè de
lòt jou, fòk nou pale avè w kounye a paske nou pa vle sa rive
ankò...

Stiv   *(ak politès)* Dad, mom, can we just forget
about this? It was an accident... Can't you forgive?

Ti Jan   *(a, non, fòk Stiv konnen ki panik li sot bay la
              a)*
Forgive, yes, forget no! ... Ou pare pou w pran lari la a ankò
la a, talè konsa ou pral nan met deyò tout lajounen, en en,
fòk mwen pale...Son, you have to listen. Car accident is the
main cause of death among young men your age here in the
US. You were about to become a statistics. You could have
died...Epi se zo w ki ta va p pouri anba tè alè konsa, ou
konprann?

Oo, Ti Jan leve lavwa tèlman li pè imaj la...

Stiv   *(twòp dram pou li)*   Dad, please, here I am,
alive... You are going too far...Je ne suis pas mort!...

Ti Jan   *(lanmou patènèl la debòde)*   But you could
have been dead. Your mother and I would have been
heartbroken, losing you forever, watching the dream of
seeing you going to Havard failed apart!.. Can't you

understand how precious your life is? Èske ou konnen ou pa nenpòt ki pitit?

Stiv   *(ok, li bay legen)* Dad, I promise, I will be more cautious. I will not make you go through that pain anymore...

Tika   *(soulaje)* Pito sa, paske m pa kab abize Sen Jid konsa non, se pa toutan yon sen sou san l non, ki ta ka m si m ta lapriyè l epi li pa ta okipe m kou yon chyen? M ta p tou mouri de pye long!

Stiv   *(ok, an nou fini ak sa)* Do you understand, This will not happen anymore... it was an accident, now I know better...I am not a child...

Ti Jan   *(satisfè)* I know and I want you to take your responsibilities...

Stiv   *(li konprann paran li yo)* I will. Nou mèt konte sou mwen...

Ti Jan   *(reprann konfyans nan Stiv)* You will, son, you will. You are a man of success. I count on you. So does your mother....You are too good, you worth too much to be put at risk!

Stiv   *(ak emosyon)* Oh Gosh, Dad, you make me feel so important... Do other parents talk like that to their children?

Ti Jan   *(relaks)* I don't know what other parents tell
their children and I don't care, but, it is most likely that they
all love them.... almost always more than themselves...

        Telefòn nan sonnen, sa entewonp konvèsasyon an,
erezman pou Stiv. Li sove! Li pat konnen ki jan pale anpil
sa a ta pral fini. Jan manman l ak papa l te lage de gidon sa a,
sanble yo pot ko prèt pou yo te fini... Msye ta pral pran
telefòn nan, men, manman l gen tan pran l...

        ring..... ring..... ring

                *   *   *

Kou telefòn nan sonnen Tika sispann pale, li kouri al prann
l. Se Antwanèt, ti sè Jan an, sa ki rete Chikago a... Kòkòt,
ou sonje l, se avè l Gaston t ap pale lotrejou a...

Antwanèt   *(deside)* Alo Tika, quelle nouvelle?

Tika   *(ak kè kontan)* Apa se Kòkòt, ki mirak, kote w
ye la a?

Antwanèt   *(chèlbè)* Mwen Chikago, *darrling*, je suis au
studio. Je viens juste de signer un *contrrrat* avec une
compagnie de West Palm Beach... Je *serrrai* bientot là-bas
pourr un montage...

Tika   *(ak kè kontan)* Eske n ap wè? Wèspalbich pa
lwen ak isit Miyami...Se plop plop ou ka rive Miyami...

Antwanèt   *(ak yon ton aristokrat)* Sa depend, tu vois, le
temps *serrra trrès* serré, *entrre* le montage et les dinners...

Ensuite je vais *prrofiter* pour visiter la petite ile d'en face,
c'est le Palm Beach Island, je *crrois*, on m'a dit qu'elle est
trrès belle. C'est aussi le *rrêve* d'Henry Claude d'acheter une
villa dans la zone...

Tika   *(byen kontan pou Antwanèt)* Men, se byen
sa, afè pa pi mal!.... paske dapre sa m konnen, se gran nèg,
wi, ki rete sou zile sa a...

Antwanèt   *(an grannèg ki pa kanmarad Tika)* Mais,
qu'est ce que tu penses de moi *darrrling*, afè m pa janm piti
mwenmenm!.....

Tika   *(woy, inosans li ka mete l nan traka...)* O non,
o non, m pa panse anyen non... Kanta pou gran nèg la ou
gran nèg!... Epi, ManPlezi ta byen kontan al pase vakans yon
kote konsa.....

Antwanèt   *(ak enpasyans)* Qui *parrle* de ma *mèrrre*?
Kite *grranmoun* nan *prran* bon van *Pòtoprrens* non! Ce n'est
pa la peine de la *mettrre* dans ses p'tits souliers, ma foi...

Tika   *(tou chanje sijè a)* Ou pa mande m pou
Stiv?...

Antwanèt   *(Endiferan)* Ah oui, comment va-t il? l est
tout a fait *rrepris* pas *vrrai, darrrling*?

Tika   *(Desi akoz endiferans Antwanèt la)* Tout a
fait...

Antwanèt   *(Gen yon pwoblèm sibit)*   Wouiy!

Antwanèt pete yon sèl rèl, bagay ki pou fè kè Tika rete, se
moun ki sansib anpil pou fanmi l

Tika   Sa w genyen Kòkòt?

Antwanèt   *(byen serye)* Ayayay! M fè yon fo mouvman
epi zong tidwèt goch mwen an kase, Oh! quelle *affairre!* Ça
me *derrrange!* Je suis *contrrariée!*... Qu'est ce que je vais
fairre pour la *rreception* de ce *soirr?*

Tika   *(enpasyan ak afè zong nan ki pa enpòtan
                   ditou dapre limenm)*
Ebyen Kòkòt, ou pèdi yon zong, ou pèdi yon zong! sak gen
nan sa?

Antwanèt   *(kokèt ki pran zong li oserye)* Tika *darrrling,*
ou pa *konprrrann* anyen... Men yon fi se paspò l! Lè
metteurr en scène nan ap bon m lanmen, li dwe santi menm
mwen tankou yon vlou kap pase nan men l... Yon dam
tankou m pa ka nan gen zong kase! C'est inconcevable...

Tika byen renmen Antwanèt, men li pa ka konprann pou yon
fi andikape dis dwèt li yo pou fè bèbèl... Pou li pa sèvi ak dis
dwèt li? Sa l te ye la a!... Se ak dis dwèt li pou li okipe kay
la, lave veso, fè manje, fè twalèt li... en en, te l di Antwanèt li
wong...

Tika   Ebyen Kòkòt, ou pa fè manje? ou pa lave
veso? E Akim limenm, se pa ou ki te konn chanje kouchèt
li?

Antwanèt   *(Choke)* Tika, je ne fais pas à manger voyons,
mete menm nan epis menm!...Mais tu es folle *darrling*!... on

a une *frrançaise* qui fait la cuisine chez nous et jusqu'a *prresent* j'ai *garrdé* la bonne d'Hakim...Oo, bòn sa yo, se mèt kay la yo ye papa, mwenmenm, mwen se ti poupe *frrans* la kap kite yo pouponen mwen...!

Tika   *(li pa kwè sa li tande a)* Ki fè ou pa konn sa sa vle di kuit yon bon pitimi ak pwa kongo pou Anriklod?

Antwanèt   Quel *drrole* de goût! Pitimi menm? Pwa kongo? Ah non, pas question ... Alò sa m ap fè si manje sa yo *derrranje* m? Je suis une *arrtiste* et un modèle, tu vois, il ne faut pas l'oublier....Non non, m pa manje bagay sa yo...... C'est une *affairre* de dièt kap pale tande... En tous cas, je te laisse, *j'appelerrai* d'ici jeudi, *aprrès* le tournage, je te *parrlerai* de West Palm Beach... et de ses *charrmes*...

Tika   *(sa ou vle li fè, li janti kanmenm)* M a byen kontan. Yo di m gen anpil Ayisyen la, ou pa janm konnen, wa rankontre kèk ou konnen...

Antwanèt   *(choke)* M pa kwè n ap pale de menm kote a *dutou dutou*, kote m *prrale* a se kote Kenedi gen mansyon l nan wi...Jus anfas... Il n y a pas d'Haitiens dans ce coin, pour ton *inforrmation*...

Tika   *(fè eskiz)* Oo, konsa menm...nan pwen bouch!... Fè foto tande, wa montre nou yon jou...

Antwanèt   Je *demanderrrai* à ma suite d'en *fairre*, tu vois *darrling*, je serai *trrès* prrise... dis *bonjourr* a Ti Jan, *embrrrasse* les enfants de ma *parrt*...

Tika   *Je t'embrasse*, di Anriklod ak Akim bonjou, tande...

Tika rakwoche. Li pa menm konprann pou ki sa Antwanèt rele la a menm. Andire li rele paske kè l kontan dèske li sot siyen kontra a. "Antwanèt sanble yon moun ki renmen fanmi an men, ki ta renmen wè nou pi rich, pi alèz, pi sofistike... Dè fwa li apwoche nou, li rele nou epi tout sa la p di w yo pa fè sans, se tankou l ap viv nan yon lòt mond, ak yon seri de grannèg, de gran chire..."

"...Kankou, menm si li grandi Anayiti, li te toujou genyen yon estil angran... Bon, sa l pral fè nan zòn kote Kenedi rete a? S al bezwen la! Talè wa tande moun pa menm ka al vizite l menm... nan tou Efèl li pral rete a...

Lè Tika tounen bò kot Jan ak Stiv, li wè y ap fè koze yo, li kite y ap pale, li pa deranje yo... Si jodi y ap pale la a, men, sanble se ti koze yo y ap fè, konvèsasyon jènjan!

*   *   *

Annou tande yo ap pale...

Stiv   I am already picturing the proud perspective to become a successful man... I have to make it happened... but Dad, why uncle Pòl doesn't look that successful? Li rich, li gen yon bèl madanm...

Ti Jan   *(Filozofik)* .... Well, he accomplished a lot. But he needs more support from his wife though... Married life seems to be easy but it isn't. The choice of a companion has to be made in function of deep values and true love. That might be a problem in his case... Renmen ak marye se de koze diferan...Watch it, give your heart to someone who really deserves it!

Stiv   Thanks God I am not ready for that!

Ti Jan   Before you get to that point, there will be previous decisions to take such as sex, safe sex... I am not even sure young people understand how important safe sex is...!

Stiv   *(an konfyans)*   It's a big deal, this subject is a tough one now... Everybody seems to be worried about it...How safe is safe... Prekosyon pa kapon!

Ti Jan   You know, there is a choice to make. The right time, and the right person...Pi bon bagay ou dwe fè se pran san w anvan ou annafè seryezman ak yon dam...

Stiv   You know, sometimes the girl might think that you're a wimp... so you have... you know... Also another guy might come along and take her away...

Ti Jan   *(an konseye asire)* Well, if the first other guy who comes along get her, then ...she is certainly not the right one for you...

Stiv   *(ak kiryozite)* Dad, did you ever regret you marry mom?

Ti Jan   Come on, what a question...! Your mom and I were very much in love... I dated her for 4 years and when I was leaving Haiti I wanted her to know that I was serious about our relationship... I was coming here in the US to build

a futur for both of us, so I married her.... I always knew she
would be a good wife...And she is...Manman w se yon bon
madanm.

Stiv   *(vle konnen plis)* I know...Haven't you met
another women, more interesting.. you know?...

Ti Jan   *(li pa vle bay manti ni li pa bezwen reponn
                  kesyon an an detay)*
Men always meet women. And so do women. It's not a
matter of who you meet, it's a matter of choice...

Stiv   *(ap ensiste)* Ya! But you could have a girl
friend, a menage, no...? I know uncle...

Ti Jan   *(vle fè Stiv konnen gen tout kalite opsyon nan
                  lavi a)*
Stiv, you will see all kind of tendency. Several men and
women relationship patterns. I know there are a lot of
women out here, I am not blind... but....

Stiv   *(dirèk)* Do you love mom as you did when
you met her?

Ti Jan   *(filozofik)* It's an interesting question. I loved
her when we met, she was crazy about me. As time goes by,
she is still lovely. She is a special one. She is so full of love
and energy!... Of course people change physically, we all
change somehow, for better or for worse. I have changed,
she has changed, I have put on some weight, I have gained a
medium size belly and for working so hard I have frequent
back pains and so on… She is having lot of grey hair, she
talks much more and she complains of all kind of stuff but

she is still lovely... I can still remember her candid little face when I first met her. She was only 14!.. She was just a child and I knew then I would date her... Today, we are two inseparable lovers and friends, we have invested most of our love, our time, energy, health and asset together, we share our wonderful children...Nou damou...

Stiv   *(ap ensiste pou li konnen plis)* Is love the same? I mean...

Ti Jan   *(ap fè egzamen konsyans li awot vwa)* The same, you bet. Now I am a man of experience and I am more secure, I enjoy being a man, son, and your mother is more happy than ever... We are very much in love...Nou renmen, m satisfè ak sa m a p viv la...

Stiv   *(di m plis, come on, dad)* Aren't you bored?

Ti Jan   Ase betize non, monchè!... Wait to know about real love!.. Se pa ti renmen radòt alèkile yo, non!

Stiv   You know dad, I never thought that you and mom would be that much in love... I thought love was a matter of young people... M te panse nou granmoun!

Ti Jan   *(reyaji lamenm)* I am young!... you are younger but... I am young!... Haven't you seen grandpa? Ask him, he will tell you, he is the most seductive men I have ever met: Of course he had a couple of adventures but he is very much in love with grandma...

Stiv   *(sezi)* At 80 years old? Sa se granmoun nèt! He must be faking!

Ti Jan   So? Let it be! That's part of life, man: A man wants to be man forever... He is man forever...

Stiv   *(santi li an konfyans total)* You know, dad, I would like to talk to you about a friend of mine. She is a real nice girl, we have spent some good time and she is admitted at Cornell University... It doesn't mean I am serious with her but...

Ti Jan   *(alèz ak pitit gason l)* I got you... I get your point... I will enjoy meeting her.

Stiv   *(kontan konvèsasyon ak papa l la, li santi yo tankou de jenn gason, de zanmi)*
You know dad, you're cool...

Ti Jan   *(kontan tou)* Really...? What do you mean...?

Stiv   Well, I mean,... you are like a friend, just close enough ... You know, it's interesting to talk to you... I am getting to know you better... *(byen serye, li chanje sijè a)* ... Dad, regarding school... don't worry, you shall be proud of me...

Ti Jan   No, I am not worried. I know you will make it...

Stiv   *(ak anpil kontantman epi fyète)* You're cool, dad!

Se konsa, Stiv santi yon bagay espesyal nan fon kè l, lè li wè li ka fè ti konvèsasyon sa a ak papa l. Li sonje ki jan gen de zanmi ki konn ap di l papa yo se tankou yon jandam li ye nan dèyè yo, toujou ap joure, kritike osnon repouse yo... si se pa kalote...

... Men, li gade papa l, nèg sa yo rele Ti Jan an, epi li santi li byen kontan se yon moun konsa ki papa l... Sa pa deranje l ankò si papa l gen yon fason dwòl li pale Angle a... si siyati l pa fasil pou pwononse tankou non Meriken yo... Li reyalize gen yon bagay espesyal nan paran ayisyen an... Li konnen papa l se efò l ap fè pou li konprann nouvo estil ki gen nan edikasyon timoun alèkile yo... Li konn tande monnonk Gas ap pale de sabò, matinèt, rigwaz... jan yo te konn edike timoun lontan Anayiti... epi li wè papa l pran anpil pasyans avè l...

... Li rann li kont papa l ak manman l rete ayisyen men yo fè anpil efò pou yo modènize yon seri de bagay.... menm si yo rete byen estrik...

...Dayè se sa ki fè l te toujou renmen etidye.... Li sonje lè manman l konn vin sot nan travay byen ta, ap verifye devwa l... lè papa l konn ap fè l li byen ta, epi mouche sitan fatige, dòmi konn pran l sou sofa a... Li gade papa l ...epi li konnen ki sa msye vle, ki kote msye vle wè l rive....Echèk pa ladan l!

Non, echèk pa ladan l...

Stiv santi l ap grandi... l ap tounen yon gran gason... li konnen ki kote li vle rive... ki sa li vle pou tèt li.... e li konnen ki jan li fè rive kote l ye la a... Msye souke tèt li epi li repete:

"You're cool... dad..."

Pèsonn moun pap konnen sa kap pase nan tèt ti jennonm sa a... Se yon timoun espesyal...Se devan l ap gade, san vire gad dèyè...L a rive.... Li gen pou l rive kan menm...

CHAPIT 7

Yon Vye Sache Sik - Fanmi An Reyini

Stiv fin refè. Papa l ak manman te fè yon bon koze
avè l pou ba l konsèy sou konduit pou li genyen pou malè pa
rive l. Ou konnen, jenn ti mesye alèkile yo, fòk fanmi yo
kenbe yo kout...

Dapre dènye nouvèl, Jera, dènye nan mesyedam
Bonplezi yo ki te rete Ayiti, te pran kanntè ak madanm li
Edit, epi ak sis timoun li yo. Se sa Man Plezi ak Pa Sonson te
di nan telefòn...Men, depi lè a, pèsonn moun pa t gen nouvèl
ankò... Gaston te fè yon move rèv, depi lè sa a, tèlman sa
domine l. Nan dòmi an, Anit, pi gran pa Jera a te vin di l
bato yo a te koule... Detwa jou plita, pèsonn moun pat gen
nouvèl toujou... Kounye a, nou lakay Gaston, nan Miyami...

Telefòn nan ap sonnen. Moun ki pral pale a, Gaston
pa konnen l, li pa konn Gaston, se yon enkoni.

ring......ring.....ring

Enkoni   *(vwa li ezite)* Alo, èske se kay Gaston
Bonplezi?

Gaston   *(vwa fèm, yon jan kare)* Wi se kay Gaston
Bonplezi. Kilès kap mande pou li?

Enkoni   Ou pa konnen m non, yo rele m Tifrè. Se yon
komisyon yon moun ban m ba w. Eske ou se Gaston
Bonplezi?

Gaston   *(enpasyante)* Men wi, m di w wi deja...!

Enkoni   Ebyen se yon nèg ki rele Jera ki ban m yon
komisyon ba ou. Li di m di w frè w la, Jera, nan baz
Guantanamo a ak tout madanm li ak timoun yo... Degaje w
fè jan w kapab pou ou ka fè chache yo.

Gaston   *(kè l ap bat fò)* Kote w ye la a oumenm?

Enkoni   (kaponnen) Aa, m pa konnen. M pa
konprann ni pye ni tèt peyi a. M desann kay yon moun, li di
m pa pale afè m, pa di moun kote m ye...

Gaston   *(ak anksyete pou li tande plis)* Ki jan ou wè
Jera? Ou te fè vwayaj la avè l, pa vre?

Enkoni   Wi, atò... M pat konn msye avan… men...
msye sanble yon moun ki prèske fou... Eske msye se yon nèg
ki pale poukont li toutan, pa vre?

Gaston   *(enkyete)* Jera Bonplezi wi?

Enkoni   *(li si de sa l ap di a)* Men wi, li menm
menm... Madanm nan menm... bon m pa konnen, msye pa di
m rakonte afè l.... Yon sèl bagay, si nou kapab, fè yon jan
byen vit pou n al reklame yo lòtbò a.... Dayè se sèl si se
refijye politik yo di yo ye ya p kite yo pase...osnon se tounen
sou tèt Anayiti...

Gaston   *(kirye)* Ki jan vwayaj la te pase menm...?

Enkoni   *(ak lapenn nan vwa l)* Pa pale bagay sa
non...! Se bato meriken, wi, ki vin sove nou... Nou te 100
sou bato a, se nou 34 wi ki sove!...

Gaston   *(panike, kaponnen menm)* Ki sa?... Èske
madanm msye ak tout timoun yo sove?...

Enkoni   *(ezite, li pa vle bay move nouvèl)* M pa
konnen konbyen yo te ye men… gen detwa nan timoun yo ki
fè fon...

Gaston   *(ak anpil lapenn)*   Wouy, ou touye m!

Enkoni   Pito w pat mande m, monchè.....

Gaston   Bon...Ban m nimewo telefòn kote w ye a?

Enkoni   Oo, ou fou?...m ale tande. Bon, se vòlè m vòlè
rele w la a sou bil moun yo...

     Moun nan rakwoche. Gaston leve, li pran telefòn
nan, li rele kay Ti Jan. Li rakonte Ti Jan istwa a. Ti Jan ba l
nimewo telefòn Pòl nan lopital la. Li rele Pòl. Touletwa

mesye yo rankontre tousuit, yo derape y al fè demach pou
lage Jera ....

De jou apre kout fil anonim ki te di Gaston Jera te
Guantanamo a, Gaston te pale ak yon pè katolik ki te di l pa
enkyete l, nan yon semèn l ap mennen Jera ba li. Fanmi an
te viv yon lapenn estwòdinè. Tout moun te bliye kont yo
pou yo te konsantre yo sou sitiyasyon Jera a. Menm Stiv pat
yon sijè konvèsasyon ankò. Dayè, Stiv gen tan tèlman
anfòm, msye se nan telefòn ak yon ti dam li ye la a. L ap file
dam nan kou yon kap... Dam nan ap eseye kabre l... Ann
tande ti moso nan *kòl* la...

Stiv   *(ap kraze yon chèlbè)* Would you be
interested to go for a movie tonight?

Aydi   *(ak ezitasyon)* Well, I am not sure... I haven't
finished my homework and besides, I rather not...

Stiv   Why?... Are you interested in someone
else...?

Aydi   ...Am I suppose to tell you everything?...

Stiv   Sure... I want to know everything... Am I not
your sweet...

Aydi   *(entewonp li)* Listen Stiv, Sheila said you
have been telling her the same story...

Stiv   It is not true, she is jealous...

(Aydi pa enterese kite Stiv pran l nan nas, li deside chanje
konvèsasyon an... Stiv twò entelijan pou li...)

Aydi   *(chanje sijè)* ...How are you since the
surgery?

Stiv   Fine, I just need a sweet...

Aydi   Stiv , I'll rather go...

    Tika li menm, san souf, se tout lajounen l ap lapriyè.
Li rele Sen Jid chak tan òlòj la sonnen... Men depi afè galon
dlo ki te tonbe epi li te konprann se yon mesaj Sen Jid te
voye pou li a, li pa pale moun koze l ak Sen Jid menm ankò.
Li kòmanse yon nevèn tou, l ale nan reyinyon karismatik, li
frape pòt tout legliz pou demach pè a ka reyisi. Li gen tan ap
fè plas nan kay la pou lè Jera vini, li gen tan ap ranje chanm,
se lakay li pou Jera ak Edit vini. Li gen tan wè ki jan li pral
viv avè yo nan kay la... Li pwofite fè yon bon menaj, li
netwaye tou patou...

    Ou mèt tande Tika ap plenyen di fanmi ou fè rantre
osnon ou bay ladesant lakay ou tounen fwèt pou kale w... li
pap janm kite fanmi l al devan pòt etranje... Tika renmen
fanmi li anpil anpil.

    Li tande yon bwi kle pase nan pòt la, li kouri al
louvri: Se Ti Jan, depi sou jan li parèt la Tika konnen pa gen
nouvèl... Men fòk li mande kanmenm... ou pa janm konnen...

Tika   Jan, pako gen nouvèl?

Ti Jan   Pako gen nouvèl.... M pa viv non...Bagay sa
a ap touye m... Nan ki sa nou ye la a, Bondye papa m!

Tika   Vin pran yon ti bouyon pye bèf non...

Ti Jan   M pa vle anyen. M pa ka manje. Kè m sere,
m a manje lè ma gen nouvèl Jera...

Tika   Ou krè m pa ta rele moun Nouyòk ak moun
Chikago yo...

Ti Jan   .. Yon sèl moun m vle w rele, rele Solanj, sa
kont.

Pandan Tika ap eseye jwenn kominikasyon ak Kanada pou li
pale ak Solanj, Ti Jan rann li kont gen yon gwo menaj ki fèt
nan kay la. M pa konn si nou te di w sa, men, Ti Jan gen yon
kote sekrè nan kay la li sere yon ti kòb, aaa, se pa anyen non,
se yon ti ekonomi l ap sere pou lekòl Stiv. Msye wè Tika te
al nan kachèt la... Kè l sote...

Ti Jan   *(britsoukou)* Kamèn? Kamèn, kote w?

Tika   M nan telefòn, wi, map rele Solanj...

Ti Jan   *(enkyete)* Kite afè rele Solanj la tousuit, vini.
Sa w t al chache nan afè m?

Tika   *(enkyete ak tout inosans li)* Ki zafè? M pa al
nan anyen, non...

Ti Jan   *(yon jan fache epi enpasyan tou)* M pa deja di
w pou ou pa janm manyen ankenn nan bwat sa yo ki la a!...

Tika   M pa manyen ankenn bon bwat ou non. Yon
sèl bagay, te gen detwa bwat vid ki te sou wout mwen la a, m
jete yo...

Ti Jan   *(estomake)* Jete? Kote w jete yo la a...?

Tika   *(ak inosans)*   Nan *donmstè* a deyò a...

Ti Jan derape tankou yon moun fou li ale nan fatra a... Tika
sòti dèyè l pou l ede l...

Tika   *(ak enkyetid)* Jan, ki sa w pèdi a...

Ti Jan   *(ak anpil enpasyans)* Machè, kite m anrepo,
ou mèt antre... Ou jete bagay enpòtan mwen...

Tika   *(bezwen konnen sa l fè a)* Men, ki sa li ye...
Fòk se yon bagay ki piti, si m pa menm wè l menm...Ki
gwosè l ye konsa...?

Ti Jan   *(enpasyan anpil)*Antre non, ou mèt antre, rele
Stiv pou mwen, di l kite telefòn lan lib, m ap tann yon apèl la
a...

Kamèn al rele Stiv ki oblije kite telefòn nan. Tout lajounen
msye gen yon ti flè l ap voye moute bay ti medam yo. Se
laraj... Msye al jwenn papa l. Li tou sezi li wè papa l nan
donmstè a, twaka kò mouche nan fatra a, ap rale sache fatra
met atè ...

Stiv   *(ak etonman)*   What is it dad, what are you
looking for?

Ti Jan   *(ap swe kou pitit bouki)* Well, just help me.
When you'll find it you will know...

Stiv   *(pa konprann anyen)* Is it something big,
small, sharp...? Give me a description, come on...

Ti Jan   *(ap fè wont sèvi kòlè)* M pa renmen timoun
fouyapòt non!

Stiv   Come on dad! How can I help you if I don't
even know what I am suppose to be looking for... I want to
help ... I really do but.....

Ti Jan   I am looking for a dirty and wrinkled brown
bag, about the size of a cantaloup... yon sache sik ki gwosè
yon kokoye konsa...

Stiv   *(pa konprann anyen)* Why would you want a
dirty wrinkled bag for...?

Ti Jan   *(ap fè wont sèvi kòlè)* It's my business!..

Stiv   *(ap mete lojik sou papa l)* Dad, when would
you stop treating me like a child... I am eighteen! We should
be able to talk as friends... don't you think...

Ti Jan   Bon oke, it's not the time for argument now,
besides, I am very nervous about the bag, it's very important,
we must find it...

Stiv   *(ak kiryozite)* What is in there, dad, some kind
of treasure...

Ti Jan   Son, don't make a joke out of this... All my fortune is there!

Stiv   *(sezi)* What do you mean?

Ti Jan   *(Ak anpil ezitasyon)* It's...it's... well, it's... money!

Stiv   What?... Why did you keep money in that bag for?

Ti Jan   *(pèdi kontwòl)* Shut up! Pe la!

Stiv   Dad, come on, how can you do something like that... I thought you're wiser than that!... Anybody, but anybody could throw it away, come on dad! Why did you do that?...

Ti Jan   Because I am saving that money for you, for your college fees... Se lajan lekòl ou, wi!...

Stiv   O Gosh!...But dad, you're suppose to keep the money in the bank, not in a dirty wrinkled brown bag! And now, what are we going to do?

Ti Jan   Just keep looking, chache sache a...

Menm kenz minit gen tan pase, yo vire tout *donmstè* a tèt anba, louvri tout sache fatra yo jwenn. Stiv fache paske li pa ka konprann pou yon moun si entelijan kou papa l ap sere lajan nan kay la nan yon ti sache!... Pou ki sa gen labank? Yo tèlman chache, yo tèlman louvri sache fatra, yo fè konesans ak tout fatra vwazen yo manje depi semèn pase... Ou konnen kamyon fatra a poko pase semèn sa a!... Nen yo mande padon, tèlman li pran odè...

Men Bondye avè yo...

Stiv   Oh, here is a brown bag, is it the one...?

Ti Jan   *(ak rekonesans)* O son, O Gosh, I am so glad..... Do you know I have thousands of dollars in this bag...

Stiv   What?...It doesn't make sense dad, you must take it to the bank, it's not safe to keep it at home... A burglar...

Ti Jan   Pa pale bagay sa a... m ta pito mouri.... Oke, m a va ale labank...Lè ou antre la a, ou pa bezwen di manman w tout sa m di w la a, non, li pa bezwen konnen tout bagay... Ou konnen manman w... Kite l fè ti lapriyè l...

Mesye yo antre. Yo jwenn Tika ki tap tann yo, tou pè...

Tika   *(tou enkyete)* Nou jwenn li?

Ti Jan   *(vag)*Enhen, enhen... Pa fatige w, nou jwenn li...

Tika   *(soulaje)* Oo, mèsi Bondye, mèsi Sen Jid... Bon, kote l? Sa l te ye menm? ...

Ti Jan   *(vag)* Anyen, pa okipe w...

Tika   *(ap ensiste)* Men fòk mwen konn sa l ye pou lè m wè l ankò pou m pa jete l...

Ti Jan   *(vag, pi vag toujou epi li parèt kontan kounye a)*
Ou pa bezwen pè, ou pap wè l ankò pou w jete l... *(li chanje sijè a)* Antouka m wè w fè yon bon travay nan kay la... m wè w pare pou mesyedam yo... men se konnen kilè y a p rive a... Osinon si y ap rive..*(Oo, Ti Jan gen tan vire koze a sou Tika la a, wi).*

Tika   *(pa ensiste sou koze a ankò)* Ya rive. Jan pla pye m ap grate m nan la a, m konnen fòk gen yon nouvèl cho ki nan wout... Gade pou w wè... Si se pa yo kap rive jodi a, se yon lajan kap antre nan kay la... *(Konnen Tika pa konnen gen yon lajan ki fèk antre nan kay la nan vye sache sik la!)...*

Si Tika te konnen lajan an fèk antre nan ti sache a la a, li ta konnen sa ki fè pye l ap grate l la!

Se konsa Ti Jan antre nan chanm li, li al fè yon ti kouche. Msye al reflechi sou ki jan li manke pèdi senk mil dola!... Li wè lide Stiv la bon pou li ta v al mete kòb la labank... Men pi gwo pwoblèm msye, se parèt labank la ak yon sache ki gen konbyen mil dola ladan l... Ou kwè y ap kwè l si li di yo se lajan yon ti *pat taym* dyòb li tap sere depi konbyen ane? ...

Tika li menm bò pa l ap mande l pou ki sa Jan kabre l pou li pa di l ki sa ki te pèdi a... Li panse siman se kèt papye enpòtan, epi li pase lide a dèyè tèt li... Li gen twòp bagay enpòtan pou l okipe, se pa a ti radòt de papye li ta v ap panse...!

Telefòn nan sonnen, Stiv kouri al pran l, li konprann se dwe
ti medam li yo ka p rele, men, se pa sa. Se... Jera!....

- ...Is it uncle Jera, the one from Guantanamo?

Kè Stiv bat fò. Li konnen depi monnonk sa a rive, se pral
yon gwo evenman nan fanmi an. Ann wè ki jan sa pase...

ring............ring..............ring

Stiv   *(ak anpil emosyon)* Bonplezir's residence ...
Yes, It's Stiv, are you uncle Gerard? ... Èske - se - mon -
nonk - Jera?

Jera   *(ak yon vwa trennen men ki kontan tou)* Wi,
se monnonk Jera... kote papa w?

Stiv   *(eksite)*Li la... are you coming over here, I
mean, w ap vini isit jodi a?

Jera   *(kontan akèy la, men ezite)* Siman... Kot papa
w? Rele l pou mwen...

Stiv   Oke, m ap rele l pou ou... ...Dad, would you
pick up, it's... uncle Gerard ...

Nou pap ka esplike jan kè Ti Jan bat fò. Nou pap ka di w jan
je l klere, ni ki jan li kouri pran telefòn nan byen vit... Men
moman li t ap tann nan...

Ti Jan   *(ak anpil emosyon)* Alo, se Jera?

Jera   *(vwa l yon jan ap tranble ak emosyon)* Mèwi
monchè, se Jera... Nou rive wi, nou Miyami kounye a. Pè
Batay la se yon bon wi, li fè bon demach pou nou... Kouman
ou ye? Kouman timoun yo ye? Kot Tika?

Ti Jan   *(ak yon emosyon ki fè l pale vit)*   Tika la
wi... depi twa semèn li pare kay la ap tann nou. Kote nou ye
la a? Bon m adrès la m ap vin chache nou...

Jera   *(ak emosyon tou)* Monchè, te m pase w youn
moun ki ka ba w adrès la, m pa konn peyi a mwenmenm...

Moun nan   *(byen deside)* Alo, sa k pase? Monchè, nan
kibò nan Miyami an ou ye la a?

Ti Jan   *(pou aktive enfòmasyon an)* Mwen nan zòn
Saout Wès, m ap pran otowout 1 an ...

Moun nan   *(ak awogans)* Oo, se mwen kap di w ki jan
pou w vini ou gen tan ap di m ki otowout w ap pran, ou konn
kote w ap vini an?

Ti Jan   *(pa gen anyen la a pou m pa konprann)* Se pa
Litèl Ayiti?

Moun nan   Se sa menm. Pou ou vini, w ap pran ri 2 sou
men dwat ou, lè ou rive nan kafou dezièm avni an, wa vire
desann, lèfini, ou kouri machin nan joustan ou pa konnen
ankò epi lè ou gade sòti ki tousuit apre disetyèm estrit la, wa
vire desann ankò...

Ki kalite esplikasyon dwòl sa a?

Ti Jan   *(enpasyan)*   Machè, eskize m wi, men, sa
se pa yon fason moun bay esplikasyon! Ki sa ki vire desann,
vire moute a, kouman pou m fè konnen sak moute ak sa k
desann? Sa pa pwen kadinal machè!

Moun nan   *(kèpòpòz)* Ebyen, se konsa m ka esplike w li,
tout moun mwen esplike l vini la a san pwoblèm... se pa wou
ki pi sòt pase tout sitwayen...

Ti Jan *(enpasyan pi rèd)*   Machè, se pa sa m ap di la a.
Ou pa Anayiti ankò, isit, yo vann kat, achte yonn, aprann
konprann kat la machè, yo montre tout ri yo, tout zòn yo.
Depi w konn li, ou gade kat la wap konprann li... Antouka,
ban m adrès la, ou pa bezwen esplike m rès la. M ap rive!

Ala de moun dwòl papa!

Ti Jan, Tika ak Stiv derape, Y al chache Jera, Edit ak timoun
yo. Yo rive nan adrès la san pwoblèm. Lè yo rive, yo jwenn
Jera kanpe deyò a ap tann. Depi tan m pale w la, Gaston rive
tou, Aa, se fèt. Mesye yo koke Jera, se ak dlo nan je youn ap
koke lòt... Jera fini mezanmi, pa gen Jera ankò, li pèdi menm
50 liv. Pa gen Jera ankò!... Se zo Jera ki vini isit, zye li
chinwa pafòs, figi li rale, andire msye transfigire...

Ti Jan   *(vwa l tranble ak emosyon)* Monchè, men nèg
ki te manke a...Men dènye nan Bonplezi yo... Monchè, ou
konnen m santi m ap reve!... Men frè m nan... Men frè m
nan...!

Jera   *(ak zye l plen dlo)* Se pa blag!... O gade Stiv,
se Stiv sa, pa vre?... Msye fin gran. Oo, se yon gran jenòm...
Oo, Gade Tika, mezanmi, vini m bo w... Tika...

Tika   *(ak dlo nan je)* Vye frè m, vini m bo w tou,
kote w te ye? Dat pou fanmi an te reyini... Mèsi Sen Jid...
Mèsi Sen Jid... Kote Edit...?

Tika antre andedan kay moun yo, li kouri al rankontre Edit...

Tika   *(ak emosyon)*   Sè Edit, vye sè m kote w?

Edit   *(patetik epi ak yon reziyasyon solanèl))*   Apa
mwen, m rive. Nou rive...!

Tika   Kote timoun yo?

Men kesyon an...

Se konsa, Edit rakonte l ki jan vwayaj la te pase. Bato a te
koule, timoun kou granmoun te bwè dlo, moun ap nwaye.
Twa nan timoun yo nwaye.... Ouy Letènèl, Ouy Sen Jid
papa, sa ou fè nou konsa a...!

Ann kite sa la......

CHAPIT 8

Mirak Sou Mirak

Sa fè de jou depi Jera ak Edit rive. Se kay Ti Jan ak Tika yo desann. Ou konnen, Tika te mèt te di li pap bay fanmi fè ladesant, lè lè a arive, li se premye moun ki pou louvri pòt li bay. Li netwaye kay la, li vide yon chanm bay mesyedam yo depi anvan yo te rive. Tika kontan, sa fè kèk tan li pa te wè Jera ak Edit. Li sezi wè grandèt timoun yo. Ala bèl yo bèl...

Yon sèl gwo lapenn ki genyen, se afè nofraj bato a te fè a. Lè Jera rakonte ki jan lanmè a vin move, ki jan gen moun ki lage tèt yo nan mitan lanmè a, tout san tout moun tresayi. Msye rakonte bagay la ak yon lapenn ki vire zantray tout moun lanvè landwat... Sa k te pi di a, se lè moun te pran jete youn ak lòt nan dlo a, kòm bato a te twò plen... Se konsa Anit, tisè ak Jinyò koule nan lanmè... Ou ka imajine w sa sa vle di? Non, ou pa kapab...

Ou pap kapab...

Men rèv Gaston an...

Pandan li te Gwanntanamo an, Edit te fè kèk jou san lapawòl, tankou li te gaga. Li te fè plizyè jou san li pa pale. Li pat ka pale...Li te tankou yon moun ki tap fou... li te konn mache tout nannuit nan baz la tankou se chache lap chache timoun li yo, tankou se pèdi yo ta pèdi. Tankou se tann li ta vap tann yo... Tankou yo gen pou retounen talè konsa... Men yo pat tounen...

*   *   *

Tout fanmi an la, reyini, dimwen, tout moun kay Tika ak kay Pòl. Gaston ak Magarèt la tou... Depi Jera te bay nouvèl la, pèsonn moun pat konn sa pou yo te di, se men nan machwa....Silans lan te long... Edit ak Jera sanble yo pap janm tounen moun yo te ye a ankò. Timoun yo menm te gen tan ap jwe, andire yo te konn ti kouzen yo depi lontan... Adaptasyon an kòmanse...

Depi tan m pale w la, vizit sou vizit. Moun ap defile vin salye lafami lakay Ti Jan an. Genyen ki vin fè kondoleyans, men yo pa konn ki sa pou yo di: twa timoun yon sèl kou k al jwenn Simbi!... Sa ou ka di? Ki jan ou ka konsole moun sa a yo?

Ou pa kapab. Ou pap kapab.

Mezanmi sa sa ye!?

Genyen moun ki vin pou yo wè figi Edit ak Jera, pou yo wè ki sa k make sou figi yo, ki sa Ayiti fè yo... Ki sa esperyans kanntè a fè yo... Genyen tou ki vin pou pran zen an pi byen, ou konnen, se lafami Bonplezi!... Mwenmenm,

mwen te la pou m te ka pran istwa a fenebyen epi pou mwen
te vin rakonte w li...

Men, pèsonn moun pa ka konprann anyen... Edit pa
di ni krik, ni krak. Li pa menm gen yon tak dlo sòti nan je l.
Men l nan machwa l, l ap reflechi. Li tankou yon estati. Ou
pa menm ka li espresyon figi li menm: li parèt la men, li pa
la. Jera li menm, li parèt gen lapcnn tou, men, li pran
kouray, se yon sèl koze li ap pale: "Ki jan peyi a ye la a, m
pako konprann li, non...Ki kote yon moun ka jwenn dyòb,
en?.. Kote pou m pran otobis...?"

Tika ap resevwa tout vizitè ki vini. Se yon sèl antre
sòti ki genyen, pòt louvri de batan ap tann. Tika fè bonkou
kafe ak bonkou pate, pate vyann, pate poul, pate lanmori...
pate cho... li la, l ap resevwa... Moun Miyami kanpe sou de
ran, teledyòl ap rakonte nouvèl la toupatou: "Twa nan
timoun Bonplezi yo koule nan lanmè ... Ou krè se ta pwen
moun yo ki ta konsa? Afè nèg se mistè!... Siman yo bay yo
pou chans... Fi a pa ta rete gaga konsa a, ou kwè li pa
koupab?"

Antouka, tout vizitè byen akeyi...

Tika   Oo, apa madan pastè! Antre non, ki mirak sa
a...

Madan Pas   Ebyen, m tande moun yo vini, m vin rann
glwaradye... LeSeyè konn sa la p fè tande ma sè, kenbe fèm,
lapriyè li, tande, pou l ba w fòs...

Edit   Mèsi. Ki jan ou ye oumenm?

Madan Pas   Ebyen m la wi, se oumenm pou m mande kouman ou ye?

Edit   *(ak bonanj li byen lwen)* Ebyen, nou pa pi mal...

Tika   M di l se pou li manyè repoze l, pran san l, pa gen anyen k prese l. Li mèt tann yon mwa konsa anvan li ale chache travay...

Madan Pas   N ap tann ou nan legliz nou an ma sè. Epi mèkredi nou tout nan koral dèfam nan ap vin priye isit avè w...

Moun kontinye ap antre sòti toujou...

tòk... tòk... tòk...

Tika   Pòt la louvri, ou mèt antre... Se kilès?

Se Temwen Jova, tout moun tou patou, tout relijyon, se yon sèl koze: vin bay lafami Bonplezi kouray... Lafwa gratis, li la pou piyay.

Temwen   Nou se etidyan labib, nou vin vizite nou pou pataje yon mesaj biblik avèk nou paske *wayom deDye a pwòch*...

Madan Pas   *(ak otorite)* Nou pa resevwa Temwen Jova isi a, nou pa gen tan pou sa... Nou mèt pouse pou pi devan...

Tika   *(ofiske)* Oo, madan Pas, apa w ap mete kretyen vivan deyò lakay mwen an... Isi a se kay Letènèl wi, ke se te katolik, pwotestan, temwen Jova osinon vodouyizan, si se lapriyè y ap lapriyè, depi se bon pawòl moun nan pote, m pa gen pwoblèm non, mwenmenm...

Madan Pas   *(pi ofiske)* Men, ou pa kab ap sèvi Letènèl pou ou nan vodou!

Tika   Oo, tout se Bondye y ap rele... En en, se pa mwen ki ap fè separasyon sa a. Depi se Bondye yo rele, depi se lanmou pou pwochen ak lanmou pou lavi y ap defann m pa gen anyen kont yo...

Madan Pas   *(ak endiyasyon)* Men se pa yon fason pou yon moun gen lafwa, sa w di, sè Edit?

Edit   *(pouryanis)* M pa janm wè bagay la konsa. Sitou apre dènye esperyans m sot viv la a, m vin gen yon nouvo definisyon pou lavi a, ki ale odela relijyon... Se nan moman difisil ou konprann sans lavi a, tande...

Madan Pas   *(fache tout bon)* Oo, m te konprann se yon kretyen ou te ye wi... Apa ou se yon eretik?

Edit   *(ak entelijans)* Aa, m twouve ou atake m la a san nesesite ... fòm di w...

Jera   *(Entèvni byen vit pou koupe konvèsasyon sa a)*
M pa vle moun boulvèse madanm nan. Edit, antre nan chanm nan non. Ann antre... Ou bezwen repoze...

Madan Pas   Men, nou te dwe pran san nou pou nou di LeSeyè mèsi pou kokenn chenn favè li fè nou la a... Rive

Ozetazini nan kondisyon nou rive a se yon gwo favè wi...
Nou te dwe vin fè lwanj li nan legliz la, n ap gen yon sèvis
dimanch...

Ala cho madan pastè a cho!

Temwen   Se pa yon kesyon de ale nan sèvis, se yon
kesyon de *lafendimond* kap rive la a... Wayom nan pwòch...

Tika   *(enpasyante)* Nou konn yon bagay, kite
mesyedam yo anrepo tande, kite yo pran kap yo, lè yo vle ya
chache chemen legliz osinon tanp, sa ya vle a...

                    *   *   *

Pandanstan an, gen yon moun ki vin vizite, se yon madanm
an nwa, ak yon ti pitit douzan konsa...

Madanm An nwa   Bonjou, se isit la matmwazèl Edit
rete?

Tika   Wi, se kay madan Jera...

Madanm An nwa   M te vin mennen Ketli, pitit mwen
an, pou salye Matmwazèl Edit ki te pwofesè l Anayiti...

Tika   *(al nan chanm Edit la)* Edit, men yon
moun vin kote w...

Edit   *(ak kè kontan)* Oo, men se ti Ketli...
Comment sa va?

Ketli   Sa va byen, Matmwazèl Edit, m te vin
wè w paske m sonje w anpil. M te toujou sonje w wi...

Madanm An nwa   Ketli di m ou te toujou tankou yon
manman pou li... Pitit la tèlman konn pale m de ou, m fè tout
posib mwen pou m pran apremidi an *òf* pou m ka mennen l
vin salye w...

Edit   Sa fè m plezi anpil, nan ki klas ou ye
kounye a?

Ketli   M nan *nayn gred* wi...

Madanm An nwa   Ou pa di matmwazèl la jan w fò lekòl
la?

Edit   *(ak kè kontan)* A wi, ou fò?

Ketli   *(ak fyète)* M fò wi... Tout sa ou te
montre m yo, se kounye a y ap montre yo nan klas la... m fò
wi... Se nan yon lekòl espesyal wi yo mete m kounye a...

Edit   Men se yon bèl bagay... Apèn si ou
kite Ayiti sa fè en an, sa vle di edikasyon Anayiti a bon...

Madanm An nwa   Li gen bon kote l, sanble, paske
timoun yo adapte yo byen vit lè yo rive isit. Gen aspè pratik
la yo ka manke men bon disiplin Ayiti a ede timoun yo anpil
pa bò isit... Se nan yon lekòl yo rele *magnèt eskoul* wi, li
ale... Matmwazèl Edit, se lekòl w ap kontinye fè isit
toujou...?

Edit   M poko konnen, m poko jwenn travay, sa m jwenn ma pran pou kòmanse...

Madanm An nwa   Nan travay mwen an yo bezwen moun wi... men mwen pa konn si se jan de travay w a vle fè...

Edit   En en, m pa gen pwoblèm, nenpòt ki travay bon. Se kòmanse m bezwen kòmanse...

Madanm An nwa   Ebyen se nan krevèt m travay ...

Edit   Ebyen, mwen enterese. Pouki pa? Tout travay se travay!...

Madanm An nwa   Ebyen, pa toutafè non, paske travay krevèt la di, wi...

Edit   Ki sa w fè nan travay la?

Madanm An nwa   Se ou ki pou al pran krevèt yo nan *chanm fwad* la, ou netwaye yo, ou lave yo, wete tèt yo ak trip yo apresa ou anbale yo...

Edit   Oo, sa sanble yon dyòb byen fasil...

Madanm An nwa   Antouka si ou vle, m ap prezante w, m a vin chache w lendi maten...

Edit   *(ak lespwa, san eksitasyon)* O, m ta byen kontan sa... M apresye sa anpil anpil ... Jera, m gen tan pral tyeke yon dyòb lendi... Sa w di nan sa Tika?

Tika   *(pa fin dakò)* Ebyen, m pa konnen. Se
ou ki vle prese al travay paske ou ta ka tann, ou ta jwenn yon
lòt bagay... Ki jan, se alèz ou pa alèz avèk nou? Antouka,
lapriyè tande, m ap lapriyè Sen Jid pou wou, la deside sa ki
bon pou ou, tande...

....Antouka, Edit, demen mwen pap la. Tanpri Edit, mete w
alèz. Tout sa k nan frigidè a se pou ou. Mwen fè makèt,
mwen gen tout kalite bagay la a. Kuit manje, separe, fè
tankou se lakay ou ou ye tande...

                          *   *   *

        Aswè rive, tout moun al dòmi. Edit fè nuit la san l pa
fèmen je l. Li poko reprann sans li, li poko ka adapte l ak
peyi a. Li poko ka aksepte li kite Ayiti ak sis timoun, li rive
isit ak twa... Ala yon eprèv en...! Li pa janm fèmen je l, kote
li kouche a, li tande lè Tika leve, li tande lè Ti Jan leve li
tande tout bagay.

        Kounye a se dimanch maten, nevè dimaten...Edit ak
Jera poukont yo nan kay la, Tika sòti, Ti Jan al travay...

Edit   Jera, ou vle manje kichòy?

Jera   Non, m pa grangou non. M pral chita nan
telefòn nan la a pou m fè detwa kout fil adwat agòch pou m
ka jwenn yon travay... m pral fè yon virewon nan vil la
tou…M pa bay tèt mwen yon semèn, fòk mwen jwenn
travay...

Edit   M pral fè kafe... Tika te di m kuit manje.

Mwen gade nan frizè a mwen jwenn yon kodenn, mwen mete l deyò... Mwen mete l tranpe nan yon bonm dlo pou l ka dekonjle...

Jera   *(ap eseye blage)* Atò ou konn ki jan pou ou kuit kodenn, Edit?... Mwen konn Anayiti se bòn ki te konn fè manje pou ou... Isit papa, pa gen bòn, non...

Edit   Ou konnen, m pa wè kote Tika mete zoranj si ak sitwon, m pa wè kote li gen siv, ni lay, ni anyen...Men kafe a...

Jera   *(ap relaks)* Kafe a bon wi, m ta pran yon ti pen ak bè avèk li….

Edit   *(chimerik)* Ebyen Jera, leve al pran n. Isit pa gen bòn ...

Jera   *(ap eseye adousi Edit)* Madanm, ou pa bezwen enkyete w non, nou pap rete lontan isit a… Tout bagay ap byen pase…. Nou pral lakay nou talè konsa. Ban m yon ti chans epi wa wè...

Edit   *(pansif)* Mwen pa gen pwoblèm non, mwen te pare pou sa a. M te pare pou tout bagay, sòf pitit mwen yo...

Jera   *(ak afeksyon)* Madanm, vini m pale w. Vini m di w yon ti bagay nan zòrèy...

Edit   *(repousan)* Ou pa gen anyen ou ka di m... Ann kite sa la...

Jera   *(tris)* M konnen se fòt mwen...

Edit   *(ap rasire Jera)* Pa di sa. Mwen pa di sa.
Mwen senpleman ap travèse yon moman difisil, men, tout
bagay ap vin nan plas yo yon jou...
Jera   *(ak tristès)* Mwen la, mwen la avè w Edit,
yonn ap kenbe lòt, pa vre...?

Edit   *(ap rekonfòte Jera)* Youn va kenbe lòt... Te
m al wè si kodenn nan kòmanse dekonjle, li nan dlo a depi
granm maten an...

Edit leve, li dekouvri bonm ki gen kodenn nan, epi sa l wè, l
pa sa pale. Li pete yon rèl.

Edit   *(fè sezisman)* O, ki sa m wè la... Ki bagay sa
a...!

Jera   *(leve lavwa, ak enkyetid)* Sa l ye, sa k pase?
Sa k genyen la a?

Jera leve kote l te ye a pou li apwoche wè pou ki sa Edit pete
gwosè rèl sa a. Men lè li va parèt gade tou, li pral si tèlman
sezi, se pa rèl sèlman li pral pete... Li pral depale...

Edit   *(eksite)* Vin wè Jera, kouri vit, vin wè yon
bagay...

Jera   *(parèt, li fè sezisman tou)* Oo, sa l ye la a, ki
kalite bagay sa a, apa bonm nan plen lajan ladan l?!

Bonm nan, lè m di ou sa a, se yon kokenn chenn bonm, wi,
ki te plen dlo ra bouch ak kodenn nan ladan l, epi kounye a
se tankou yon soup dola ki ladan l, ou pa menm ka wè

kodenn nan menm... Se yon konsonmen dola, tou vèt ak
grinnbak ki devan je mesyedam yo... Ki kalite kokenn chenn
mirak sa a.... twa jou apre yo rive Miyami... Yo pa ka pale:
men bonm nan plen lajan ..! Men kodenn nan tounen lajan,
wi..! Se biye vèt kap flote nan dlo a sèlman... epi, pa nenpòt
ki biye non, biye senkant ak biye sandola sèlman...

Yo pè, yo kontan. Gade yon mirak! Yo pè foure men yo nan
dlo a pou yo verifye si se tout bonm nan ki plen lajan, si se
kodenn nan ki tounen lajan osinon si kodenn nan la toujou
nan fon an...

Jera   *(ap depale)* Gade yon soup dola!...

Edit   *(sezi, chalè ap moute l)* Men, bagay sa a dwòl
en? Sa sa vle di...? Epi pa gen pèsòn moun nan kay la, non...

Jera   *(ap reflechi)* Sa pou nou fè la a...?

Edit   *(enkyè)* Jera, m pè. Sa pa nòmal... Kot Jan ak
Kamèn ta sòti?

Jera   *(gen tan gen pwojè pa l nan tèt li)* Sa pou n fè
yo!... Ala sòt...! Se pa pou yo mirak la fèt...

Edit   Mezanmi, m pa ko janm wè sa nan vi m non!
Sa n ap fè la a? ... Se pou m foure menm nan dlo a,
Bondye?...

Jera   *(pare pou l pran kado Bondye voye ba li a)*
Mè wi, degaje w, retire lajan an byen vit, m pral chache yon
valiz la a...

Edit   *(pa alèz menm)* Jera, vin foure men w nan
dlo a pito, m pa santi m alèz ak bagay sa a...

Jera   *(gen tan wè l rich)* Ala yon moun dwòl se ou!
Atò ou pito al travay nan krevèt la demen maten pase pou w
al gen tan louvri yon kont labank...

Edit   *(anbalan)* Jera, bagay sa a dwòl... E si se ta
pwen moun yo?

Jera   Sa pwen an ap fè nan bonm nan? Degaje w vit
non, foure men w nan dlo a, mete lajan an sou sèvyèt la. W
ap mete, m ap seche... Epi n ap mete l nan sak zòrye sa a...

Pandan mesye da m yo ap kalkile sou mirak sa ki fèt pou yo
a, pandan y ap seche epi y ap mete nan sak zòrye, yon kle
pase nan pòt devan an. Se Tika ki parèt, li jwenn mesyedam
yo an plen aksyon...

Tika   *(inosan)* Oo, pou ki sa n ap mouye kòb nou
an... Sa n ap fè la a? Oo, apa se gwo biye... Se bagay pou n
al mete labank demen maten bonè, wi...

Edit   *(ap reflechi)* Se sa n ap panse la a, wi... Nou
pa konn sa pou nou fè...

Edit pa ka kenbe sekrè a. Epi, bagay la twòp pou li, se pou l
mete Tika okouran...

Tika   *(ak bonte)* Men, nou pa t dwe vini ak tout
lajan sa a sou nou, non, se bagay ki ta fè moun touye nou,
wi...

Jera gen lè pa sa kenbe non plis, tout pwojè sekrè tonbe....
Epi yo wè Tika sitan inosan, andire ou pa ka ba l manti...

Jera   Tika, se pa vini nou vini avèk lajan an, non, se
nan bonm nan wi nou jwenn li...

Tika   Ki sa? Nan ki bonm? Ban m wè, Ki jan sa fè
fèt...? Sa se yon mirak... Sa se zèv Sen Jid, wi, Bondye papa
m...!

Edit   Ou te di m fè manje, pa vre? Mwen gade nan
frizè a mwen wè yon kodenn, m prann l, m mete l deyò, m
mete l tranpe nan dlo pou l ka dekonjle epi lè m al dekouvri
bonm nan mwen pa wè kodenn nan ankò, se lajan mwen
wè...

Tika   Oo, Oo, mezanmi! Mezanmi Sen Jid, ki bagay
sa a, sa se yon mirak! Oo, se rèv mwen an wi… Oo, se
esplikasyon rèv mwen an, wi...! ...Yèswa mwen dòmi mwen
reve lapli tonbe, li tonbe, li tonbe, lè m di nou sa a, se pa de
lapli, non... Nan dòmi an, mwen wè dlo a antre toupatou, tout
moun mouye, tout bagay, tout mèb nan kay la tranpe ak dlo
men Edit ak oumenm Jera se sèl moun ki pa mouye, pye nou
byen sèk... Aa, se rèv la sa, wi...! ...Mezanmi ki kalite mirak
sa a, ki sa pou nou fè...Bondye papa, gide nou, non, fè nou
konnen ki misyon ou vle ba nou la a, ki sa ou vle nou
fè...Sen Jid, patwon m papa...

Jera   *(byen konte, byen kalkile)* Pou mwen, premye
misyon an se fin seche lajan an, mete l nan sak zòrye a.
Apre, nou ta ka konte pou nou gen yon lide konbyen l ye...
Fòk nou ta va ale achte kodenn nan remèt ou tou, Tika...

Edit   *(pran san w Jera...)* Tann non, tann. Kite nou
konprann sa kap pase a... Pran san w non...

Jera   *(enpasyan)* Men machè, lajan an pa ka pase
nuit-la a nan kay la konsa a. Fòk nou gen yon plan
daksyon. Dabò, ki kote l ap pase nuit la...?

Tika   *(toujou ak menm inosans la)* Ebyen isi a se Ti
Jan ki konn okipe afè lajan, Ann tann li vini... Osinon, te m
al rele l...Li pa renmen m rele l nan travay li, men, sa se yon
rezon serye...

Tika pran telefòn li pou li ale rele Ti Jan. Tika boulvèse.
Gade yon mirak, non... Sa se zèv Sen Jid kare bare... Se yon
sen ki gen konprann... Li wè mesyedam yo nan bezwen....
Gade yon mirak, gade, gade...!

ring.... ring... ring

Tika   *(sou tansyon)*Alo Jan, se Tika, èske m ka pale
avè w yon minit...

Ti Jan   *(enpasyan)*En hen, sa k genyen...?

Tika   *(patetik)* Jan, gen yon bagay ki rive la a se
yon mirak....

Ti Jan   *(enpasyan pi plis)* Ki kalite mirak sa a?...

Tika   *(pran rakonte ak ak apeti)* Ebyen, Edit tap al
kuit yon kodenn...

Ti Jan   *(koupe Tika lapawòl lamenm)* ....Ki kodenn?

Tika   *(prese pou rakonte mirak la)* Pa gen ni de ni twa, kodenn sa w te achte a!...

Ti Jan   *(manke endispoze)* Ki sa? M pa t di w pa manyen kodenn sa a?

Tika   *(inosan)* M pa sonje bagay konsa mwenmenm, tèt mwen pat la epi se pa fòt Edit non plis tou, se mwen ki te di li kuit sa li vle...

Ti Jan   *(ak enkyetid, kraponnen)* M ap vin tousuit, rete ak moun yo, wi, m ap vin tousuit... Ou tande... Di yo m ap vin touswit...

Tika   *(pako konprann anyen)* Sak genyen? ... Ebyen oke, m ap tann ou...

Tika rakwoche telefòn nan.

CHAPIT 9

Sipriz Sou Sipriz

Yon mirak fèt kay Tika. Se nan dekonjle yon kodenn Edit ak Jera fè premye sezisman yo nan Miyami: kodenn nan tounen dola. Dimwen se sa yo konprann... Tika, Edit ak Jera ap rele viv mirak. Kounye a, Ti Jan nan wout, l ap vin konstate mirak la...

Tika   *(ap rasire moun yo)*   M rele Ti Jan nan travay la... M pale avè l wi, l ap vin la a kounye a....

Jera   *(yon jan kontraye)* Ou pat bezwen deranje msye nan travay li poutèt sa... M pa wè nesesite. *De tout fason*, msye gen pou l rantre lakay li kanmenm, non?

Tika   *(inosan)* Mezanmi, Jan tèlman sezi bagay sa a, l ap kite travay li pou li vini la a sou tèt... Menm li menm li fè gwo sezisman...

Edit   *(ak konfizyon nan lespri l)* Tika fè yon ti kafe anmè pou mwen, non... tanpri...

Jera   M ap pran tou wi, Tika, ou mèt ban mwen
yon gwo tas... Sa se yon gwo mirak... Bagay sa a gen tan pral
chanje tout pwogram nou wi, la a...

Di minit poko pase, kafe a pa menm gen tan pare menm, Ti
Jan gen tan rive, se vole l vole wout la... Bagay la grav...
Nou sonje lajan li te sere nan sache sik la Tika te jete san l
pat konnen an? Bon, Ti Jan te toujou gen lajan sa a nan kay
la toujou. Sa msye fè, li vlope lajan an byen vlope, li foure
tout senk mil dola a andedan vant yon kodenn epi li mete l
nan frizè a kareman!... Epi li di moun pa manyen kodenn sa
a, se tout... Ou konnen se yon kòb l ap sere pou lekòl Stiv,
podyab. Ou sonje bagay sa a? Bon!... Sekrè sa a gen lè vin
pou touye li. Se yon ti kòb msye te fè nan yon *pat taym* depi
lontan. L ap sere kòb sa a... Nan sere sere sere, kòb la vin fè
yon bon montan. Epi men moun yo vin fout... Tonnè, sa se
yon malediksyon!

Ti Jan   *(byen serye, san dan griyen)* Kote ou
Kamèn? Tande, Jera ak Edit m bezwen pale avè nou...

Edit   *(alekout)* M byen kontan ou vini pou w gide
nou nan bagay sa a...

Tika   *(inosan toujou, pou pi rèd)* Men, Ti Jan sa se
yon mirak, wi, se travay Sen Jid, wi...

Ti Jan   *(byen serye, de je li soti men gwosè, li vire
             gade Tika)*
Pe la non, sa w konnen... Se pa ni mirak, ni Sen Jid...Se yon
lajan yon moun ban m kenbe pou li...

Jera   *(desi. Ki sa lap tande la a?)* Oo, sa w ap di la
a monchè...!

Ti Jan   *(enpasyan)* Monchè, mwen pa nan jwèt tande,
se pa andedan vant kodenn ki te nan frizè a kòb la sòti?...

        Msye foure men l nan bonm nan ak tout chemiz blan
manch long ki te sou li a. Li rale kodenn nan epi li foure men
l andedan l epi plis kòb ap sòti toujou. Se konsa msye fè
moun yo konnen ke se senk mil dola yon moun ba li kenbe.
Kòm se yon gwo responsabilite, li pa te vle mete l yon kote
vòlè ka pase pran l, alò li mete l nan kodenn nan...

        Sezisman.... Dekourajman... Silans... Tout moun regrèt se pa
yon mirak...

        Oo, se yon gwo chagren pou Jera ak Edit, yo te gen
tan imajine yo mirak sa a ki ta pral chanje lavi a pou yo, epi
men se yon pwason davril...Ti Jan pran sak zòrye a, li pran
tout rès lajan ki te andedan vant kodenn nan, li siye yo tout....
Msye konte, fèy pa fèy, jous tan li jwenn tout senk mil dola a
devan l, san manke moso...

        Men, Ti Jan malalèz, li fache kou yon bonm men li
malalèz. Tika rete an silans. Li pa di anyen, li pa konprann
sa kap pase la a... Ki jan fè gen senk mil dola nan kay-la la a
epi li pa konn sa a? Epi nan kizin li an menm! Nan frijidè li a
menm? Ki jan fè Ti Jan ap kenbe lajan pou moun epi li pa
menm mete l okouran an... Ki jan fè, andedan kizin li an, nan
pwòp frijidè l la pou Ti Jan vin ap kenbe yon sekrè pou li
a... Sa l ye nan kay li a la a?

Jera ak Edit antre nan chanm yo. Yo frèt kou dlo glase. Tika antre nan chanm pa li tou, li al kouche sou do. Ti Jan rete nan kizin nan, l ap kalkile... Epi Stiv te di l sa, wi!... Msye deside antre al pale ak Tika nan chanm nan...

Tika   *(move)* Konbyen lòt sekrè ki genyen ankò?

Ti Jan   *(anbarase)* Tika, se pa sekrè sa ye. M vle esplike w tout bagay, tande m..... M fè yon erè grav. Trè grav. M pat dwe janm met lajan an nan kodenn nan...

Tika   Ou wè sa tou... Epi, chak jou mwen louvri frijidè a menm ven fwa, lajan an ap gade m, m ap gade l, m pa menm konnen li devan je m nan menm! ...Sa w gen pou di m?

Ti Jan   *(mete ti vwa l byen janti)* Mwen pa fè l ak move entansyon, Tika. Mete w nan plas mwen. M pa t vle mete kòb la nenpòt ki kote pou si vòlè pase... M te toujou kenbe sa pou mwen sèl... Men, mwen panse mwen te dwe pale sou sa avè w tou... Sa se yon gwo erè mwen fè... Se pi gwo erè a...

Tika   Ou wè sa tou! mwen la a...!

Ti Jan   *(byen dou)* Ou gen rezon cheri, ou mèt fache sou mari w, ou gen rezon...

Tika   Atò pou ki sa ou pat janm pale mwen de kòb sa a, menm si l pa pou ou... Ou pa konnen si li te pèdi fòk mwen ta nan remèt tou...

Ti Jan	Cheri, ou gen rezon, mwen di w ou gen rezon.

Mari w fè yon gwo erè, li se premye moun ki rekonèt sa...
Men cheri tande m, tande m byen, wi, pa pale fò, pa di anyen
non: Kòb la se pou nou...!

Gras la mizèrikòd! Tika pete yon rèl ki rive jous nan Ginen!

Tika   *(rèl, sezisman)* Ki sa? Ki sa w di la a?

Ti Jan   *(avwabas)* M te kwè mwen di w pa rele? ...Se
anpresman pou mwen sanble kòb Stiv la, wi...

Tika   Kòb Stiv, ki kòb Stiv sa a?

Ti Jan   *(eksite, men gwosè je l)* Lajan Avad la! Ou pa
konnen menm si l gen yon bous, fòk li gen kòb pou lòt ti
depans kanmenm. Se yon obsesyon, wi, tèlman mwen ta vle
pitit la pa manke anyen...

Tika   *(ap poze kesyon inosan toujou)* Mwen te krè
se pa pou ou kòb la ye?

Ti Jan   *(ap kalme Tika)* Cheri, pa pale fò, non, m di w
se pou nou...

Tika tounen rele ankò, tankou yon ritounèl. Li retounen
tande nouvèl la, men, lespri li refize aksepte l. Ala yon
kochma ki dous papa!

Tika   *(ap pale fò toujou)* Ki sa? Mwen pot ko fin
konprann, non!... Ki sa?...

Ti Jan   Pe non, pa pale fò, ou pa bezwen di moun yo tout afè nou. Talè ya konprann nou rich la a...

Tika   Ki sa, se pou nou kòb la ye tout bon?.. Epi, pou ki sa ou sere l nan kodenn nan?

Ti Jan   Cheri, men sa k pase. Ou sonje lè m tap travay nan biwo Gonnzalès la? Ebyen se kash li te konn peye m. Mwen te toujou ap sanble kòb sa a, mwen pat janm te mete kòb sa a labank...

Tika   Men Ti Jan ou te dwe met lajan sa a labank, monchè...

Tika   Machè lè sa a, mwen te fèk vini, nèg tap degaje yo, nèg pat konprann tout mouvman. Yon lè, mwen te leve pou mwen te ale mete li labank epi yo mande m idantifikasyon, bagay konsa, an, mwen vag yo. Sa te pran m tan pou m te reyalize ke yon moun pa dwe tann ou gen twòp kash nan men w, ni ou pa leve konsa a, w al mete senk mil dola labank, yo ka menm siyale sa bay lapolis. Yo ka panse ou nan nenpòt bagay dwòl tou...

Tika   E mwenmenm, sa k fè mwen pat janm te nan sekrè a tou...?

Ti Jan   M pa konnen, Cheri, mwen pa gen esplikasyon pou kesyon sa a. Mwen ka di w sa tout bon, ak tout kè m, mwen pa gen eskiz. Mwen dwe te panse, si ou ta konnen kòb la ta la a, ou ta petèt vle chanje mèb osinon achte kèk bijou, m pa konnen mwenmenm... Mwen pa gen eskiz...!

Tika   *(repwochan)* Se sa w panse de mwen...?

Ti Jan   Non cheri, pa panse anyen mal. Mwen pa
menm kwè mwen gen rezon ta panse yon bagay konsa de
ou...

Tika   *(transfòme, byen eksite toudenkou)* Antouka,
sipriz pou sipriz... mwenmenm tou mwen gen sipriz pa
mwen tou. Men, mwen pap pale l...

Sipriz menm!?

* * *

Pandanstan an, Edit ak Jera rete nan chanm yo. Yo
abiye timoun yo pou y al fè yon ti sòti. Se yon bagay ki di
pou yon moun fin wè yon mirak devan je w konsa epi pou li
chape nan men w. Edit te gen tan kontan, Jera te gen tan wè
yon bèl opòtinite. Timoun yo menm, yo pa konn bagay
konsa, yo tap gade televizyon ak timoun Tika yo... Ala yon
bon amizman se pwogram gade televizyon an... Timoun yo
egare!

Antouka, se pa grav, se te yon filalang... Yo sòti, y
ale fè yon mache. Nan lari a, y ap gade tout bagay, tout
bagay avèk enterè...

Edit   *(ak tristès)* Ki fè, se sa a ki Ozetazini an...!

Jera   *(reyalis)* Wi machè, nou rive nan peyi
devlope a, nan peyi opòtinite a...

Edit   *(ak yon vwa tris)* Ki pwojè w, Jera? Ki sa ou
wè pou nou isit nan peyi dwòl sa a..?

Jera   Mwen wè nou toulede ap jwenn travay, n ap fè edikasyon timoun yo... Epi, m ap fè tout posib mwen pou mwen fè kè w kontan. M ap aprann lave veso, m ap fè manje, lave, pase, nenpòt ki sa ki nesesè... Annatandan, mwen ta renmen ale yon kote pou mwen wè lòt Ayisyen.... Fòk nou sòti lakay Ti Jan an nan yon mwa oplita... Sa w di nan sa?

Edit   *(lespri li byen lwen)* Mwen pako wè klè. Mwen pa konprann ki jan mwen fè rive la a, ki jan mwen fè pran bato, vin isit, pèdi pitit mwen yo... *(gwo soupi)* Yon sèl bagay, mwen pap vini isit la pou gremesi. Fòk mwen fè tout sa ki posib pou lanmò pitit mwen yo itil kichòy epi pou mwen kite tras mwen sou latè a...

Jera   *(ak enkyetid)* Edit, èske w renmen m toujou...?

Edit   *(ak tristès toujou)* Pou ki sa kesyon sa a? Lanmou nou pa andanje. Se ekilib mantal nou ki ankòz... Apatid jodi a, tout sa m ap fè se pou mwen fè l pou yon rezon. Tout sa mwen fè, tout sa mwen pap fè, se va pou yon rezon... Ou te li jounal jodi a?

Jera   M pat li l non. Ou konnen, mwen pa tèlman bon nan Angle a...

Edit   M pa bon non plis tou men, lepe mwen arive konprann nan jounal la, sitiyasyon Ayisyen yo pa pi bon, non, nan Miyami an...!

Jera   Nan ki sans, yo pa jwenn travay?

Edit   Gen pwoblèm travay, gen pwoblèm lekòl, gen
pwoblèm sosyoekonomik: Se yon kote ki gen lè pap dous...

Jera   Ebyen, nan peyi nou se pwofesè nou te ye.
Ou konnen pwofesè gen yon misyon. Se pou sa ki fè mwen
pat janm vle kite Ayiti. Ebyen, nou va kontinye misyon sa a
isit...

Edit   Wi, nou va kontinye misyon an...

* * *

Pandan Edit ak Jera t ap pran konsyans de sitiyasyon
yo epi ak sitiyasyon Ayisyen anjeneral nan zòn Florida a,
Gaston li menm tap viv yon lòt dewoulman. Msye fèk sòti
nan yon miting la a, epi li rive lakay li, li jwen kay la
anpenpan tankou tijoudlan. Depi li rive, li wè gen yon bagay
ki diferan. Kay la annòd, kizin lan santi bon, tankou gen yon
bon manje kap kuit... Li mache toupatou, li pa wè Magarèt.
Oo, Magarèt gen lè pa la?

* * *

Pandanstan an, Tika ak Ti Jan ap kontinye
konvèsasyon yo a. Yo tande lè Edit ak Jera sòti a, men, se
nòmal pou moun yo sòti, yo granmoun. Epi, Tika gen yon
koze la a l ap di Ti Jan... tankou li gen yon sekrè tou pou
li...Oo, msye vle konnen tousuit sou sekrè sa a.

Bon, ki sekrè sa a, mezanmi?

Ti Jan pa ka tolere lide pou Tika ta ka gen yon sekrè
pou li. Aha! se konsa?

Ti Jan   Ki sekrè ou gen pou mwen an?

Tika   Anyen... Ou pat di m afè w, kounye a, se tou
pa m...

Ti Jan   *(reprann relaks li)* Gade, Tika, m a pote Sen
Jid plent pou ou, wi!...Pale vit la a, mwen bezwen konnen ki
sa kap pase nan kay la mwen pa konnen an....

Tika   *(se tou pa l)* Se pa anyen, Ti Jan. Bon gade,
ou gen tan bay bagay la twòp enpòtans. Se pa anyen, non...

Ti Jan   *(ap takinen Tika pi rèd)* Tika, mwen ba w yon
minit, si ou pa di m ki sa li ye, mwen pral pale Sen Jid pou
ou...

Tika   Ti Jan, sispann jwe non. Apa w ap pase Sen
Jid nan betiz...Se yon Sen ki bon anpil, men, li siseptib wi...

Ti Jan   *(enpasyan)* Ebyen ki sa ou vle m fè... Mwen
vle konnen kounye a... Tousuit....!

                              *   *   *

Pandan Ti Jan ak Tika ap fè ti koze yo, y ap fè ti
konvèsasyon yo sou ki sekrè ki sere pou kilès, gen yon kout
fil ki sòti jous Nouyòk pou rive nan Miyami ki ap fèt kounye
a. Se Nikòl, manzè Nikòl, kap pale ak bon zanmi l
Sandra...Ann pran yon ti moso...

Nikòl   Alo Sandra, c'est Nicole...

Sandra   Niki chérie, comment vas-tu?

Nikòl   On est là, ma chère... Je t'appelle pour une
double surprise. D'abord, Margarèt semble preparer un coup
pour Gaston...

Sandra   ...Quel genre de coup?

Nikòl   Eh bien tu sais, il y a longtemps que Margaret
attend un mouvement de lui, tu vois, men, msye Gaston ap
dòmi sou dam lan, li pa janm fè yon mouv... Même pas une
bague de fiançailles!

Sandra   Moi, j'avais conseillé à Margaret de le
révoquer. Mwen pa konnen sa li jwenn nan Gaston,
mwenmenm... Yon fi konsa, en, li gen tout bagay ki pou ta fè
yon gran nèg Anayiti marye avè l sou tèt!... Moi, je sais que
mon frère Boris serait intéressé...

Nikòl   Ecoute donc, la deuxième surprise, c'est que
je viens en Floride pour une courte visite... Tu sais, je n'ai
pas de temps du tout... Depuis dix ans, c'est la première fois
que je prends des vacances... Twòp bil, pitit...

Sandra   Et combien de jours viens tu passer?

Nikòl   Tande pwojè m: Je viens pour huit jours avec
les enfants. Je les amène à Disney World pour une journée.
Le reste du temps, ils s'amuseront avec les enfants de Tika...

Sandra   Comme ça, c'est pas chez moi que tu
descends?

Nikòl   *(malen)* En en, en en.... Kite m desann kay
Tika. Se moun ki pral tèlman kontan, tèlman onore, l ap fè

manje, l ap *okupe* timoun yo, l ap sòti avèk yo san m pa bezwen depanse senk kòb... Pandanstan an, mwen avèk ou n ap sòti al flannen... Tu comprends la chose?

Sandra   Oui, je comprends la chose... C'est ce que je faisais avant.. oo, qu'est ce que tu crois? Quand je voulais aller passer mes secondes lunes de miel, c'est chez Tika que je laissais les enfants... mais je ne fais plus ça, tu vois, les enfants grandissent... je ne veux pas que Tika leur apprenne des mauvaises manières.....

Nikòl   Ah oui, elle leur a appris de mauvaises manières?

Sandra   Mais oui, ma chère... Elle a une affaire de St Jude toute la journée. Tu vois, un jour, la petite Ingrid est rentrée à la maison avec une affaire de prier St Jude pour trouver son violon qu'elle avait égaré...Une autre fois, Sophie m'a dit qu'elle aime suçer les os... Je lui ai demandé "Kibò w janm wè manman w ak papa w ap fè sa?" Li reponn mwen :"Demande à Tante Tika, elle nous a laissé faire, et puis, on a moulu tous les os..."

Nikòl   *(ak degou)* Moulu menm!

Sandra   Moulu même même!....Pou pitit mwen twouve ap souse zo, kraze zo anba dan l, moulen l... O non ... Depi lè a, mwen pa janm kite timoun yo al lakay li ankò....

Nikòl reflechi.... Kite timoun yo ale moulen zo?... Sa di! Men, al peye yon pakèt kòb pou mennen bebisitè a? Sa pi di toujou...

Nikòl   Tu sais, Sandra, mwen pap vini ak bebisitè a
paske cela me coûterait trop cher, tu vois... j'ai besoin des
services d'un babysitter gratuit... Mwen gen lè m ap kite
timoun yo moulen zo pou yon semèn... Sa pap touye yo... epi
tou, se gratis... Donc, comme je t'ai dit, m ap vin asiste kout
panzou Gaston pral pran nan men Magarèt la epi m ap tou
vin relaks kò m tou... Qu'est ce que tu as au programme?

Sandra   Eh bien, il y a l'association des épouses des
médecins qui organize un banquet en l'honneur d'un collègue
de la Finlande...

Nikòl   Oh, ça sonne si délicat...

Sandra   En effet, tu vois, il y aura rien que des gens
distingués...

Nikòl   *(ozanj)* Superbe!... Je vais m'acheter une tenue
chez Jarrod...

Sandra   Moi aussi, je dois me rafraichir le style...
parce que, depuis mon dernier problème avec Paul...

Nikòl   Ki jan... nou te gen pwoblèm?

Sandra   Oo, nan sa mwen te ye!...Se lè ou vini na
pale...

Se konsa, medam yo kontinye ap pale de pwojè yo. Nikòl ap
pare l pou li vin lage timoun yo ak tout travay di yo sou kont
Tika pandan li pral fè mativi nan klib doktè yo, ak tout sè bra
l, manzè Sandra... Ou krè se bagay li renmen, afè de lè l
retounen nan travay li, pou li ap pote montre foto, montre

tout moun pou yo ka wè nan tout gwo parad maskarad li te patisipe... San konte, li pral mete pase genyen tou... Ou konnen...

* * *

Pandanstan an, lakay Tika ak Ti Jan, sekrè Tika a poko ka sòti toujou...

Ti Jan   *(ak enpasyans)* Bon, ki fè, èske w ap di m sekrè a?

Tika   Aa, se pa anyen, Ti Jan, ou pa bezwen gen tan fache la a, se pa anyen... Se yon ti monnen mwen t ap sere tou... Men, se pa gwo lajan tankou pa w la, non...

Ti Jan   *(eksite ak kiryozite)* Kote l, kote l ye... Al chache l pote montre m...

Tika leve, li ale nan bwat rad sal la. Se la li rale yon bout sak zòrye... Ti Jan gen tan met men nan tèt li...

Ti Jan   *(sezi pou lajè bout sak la)* Ki sa mwen wè la a, Tika? Kote w prale ak dyakout sa a?

Tika   *(entimide men ak fyète)* Ti Jan, pa pale fò, non... Apa w ap pase mwen nan betiz? Sa ou wè a se pa sa ou konprann nan, non... Se pa anpil kòb, non... Si ou wè sak la parèt gwo, se paske mwen vlope l nan plizyè sak zòrye, wi...

Se konsa, Tika esplike Ti Jan ki jan chak semèn, nan lajan makèt la, li toujou wete yon di dola mete apa, paske, ou

pa janm konnen, "sizoka ka gwo ka"... Men, li pa janm gen
tan konte konbyen li ye... Se pa pou di w se yon kòb li tap
sere ak entansyon pou li fè anyen ankachèt... Li pa menm
konte sou kòb sa a menm, siman, li ka moute yon ti kraze
konsa...

Ti Jan ap tande Tika, li pa di anyen... Men moun kap
di l li pat dwe kenbe kòb nan kay la!... Men moun ki te gen
tan fache dèske yo pa mete l okouran de sekrè kodenn nan...

Ti Jan ak Tika ap konte ansanm... Fòk mwen di w, lè
Ti Jan louvri zòrye a, li louvri menm dis lòt zòrye ankò
anvan li resi kontre bab pou bab ak yon seri de ti biye dola,
vlope tou piti tankou yon siga... Yo devlope yo, yo devlope
yo, yo devlope yo, yo devlope tout siga yo jous tan yo jwenn,
devinen sa sa bay. Fè miltiplikasyon sa a: si Tika sere di
dola chak semèn pandan ventan, sa sa bay?

Ti Jan   *(fè tankou li pral fè yon diskou, li grate gòj li*
                epi li pale)
Tika, map anonse w, mwen fin konte kòb la, mwen jwenn
dimil katsan dola la a, nan ti bout dyakout la....Madanm,
MADANM! nou gen lajan lekòl Stiv la. WOOYYY.....!

Tika   *(sezi epi kontan tou)* Ti Jan, ou konnen ou fè
m sezi!.. Se tout kòb sa a mwen gen tan sere la a?

Ti Jan   Ebyen Tika, mwen anonse w, depi dat n ap
travay di a, mwen avè w, n ap resi al pran vakans...

Tika   Vakans menm? Kote n ap kite timoun yo?

Ti Jan   M te krè Nikòl ap vini, n ap kite l nan kay la
avèk yo!

CHAPIT 10

Depi Sou Anòl Rive Sou Gaston

Nou te aprann ki jan Tika ak Ti Jan te vin gen yon bon ti kòb. San mesyedam yo pat konnen, yo te vin twouve yo gen kenz mil dola, si se pa plis. Ki fè, ni Ti Jan, ni Tika te gen yon sipriz pou younalòt. Men sa te byen fini, onon Leseyè. Se sa tou ki te fè yo rive deside pran vakans...

Antretan, pa bliye Nikòl ap vini nan menm peryòd sa a. Li pa menm ap rele Ti Jan ak Tika menm pou li konfime vizit li: Li pa gen lajan pou l jete nan fè bil telefòn initil! Men, li anvi rele Gaston, li gen lontan depi l bezwen verifye yon bwi kap kouri, kòm ki dire Magarèt ap *"r pwen r"* Gaston.... De tout fason, si Magarèt pa gen sa nan tèt li, l ap louvri je l sou sa... Li menm pèsonèlman li konn yon ti jenòm Ayiti kap byen enterese... Men anvan sa, Anòl, kidonk mari Nikòl la, gen pou fè yon rive tou nan Miyami: chak moun gen pwogram pa yo!... Se nan chapit sa a tou nou pral temwen de yon evenman ki pral pase nan lavi Gaston ak Magarèt... Chita tande.

Telefòn nan sonnen kay Gaston, se Nikòl kap rele pou l fè relasyon piblik ak Gaston. Men, manmzèl tonbe sou Magarèt. Oo, se sa li te bezwen!...

Magarèt   Alo, Margaret and Gaston's residence...

Nikòl   Alo Magarèt, se Nikòl...

Magarèt   O, Nikòl, kouman ou ye, nou pa pi mal bò isit la, non....

Nikòl   M ap vin Miyami byento la a, epi m te deside bay Gaston yon kout fil... Anpasan, mwen byen sezi wè ou kay Gaston an... Le bruit courrait que tu allais le révoquer...

Margarèt   Se ki sa sa vle di revoke?

Nikòl   Que tu romprais avec lui...

Magarèt   Mwen pa konprann... Se ki sa *ronprè* a vle di... Di l an kreyòl pito pou mwen ka si mwen konprann...

Nikòl   Tankou ou tap kite l, ou tap *"r pwen r"* li, ou tap kraze relasyon an paske msye pa sou marye...

Magarèt   *(Magarèt manchte Angle li)* What? What are you talking about?

Nikòl   Ki jan, apa ou sezi?

Magarèt   Of course, I am. Gaston and I are doing fine. Nou pa gen ni ronprè n ap ronprè, ni "r pwen r" n ap fè...

Nikòl   *(kontrarye)* Ebyen, se sa. Antouka, si ou
enterese, mwen gen yon zanmi m Anayiti ki wè foto w...

Magarèt   *(byen vekse)* Gaston wè foto m deja, epi se li
mwen renmen... Antouka, lè ou vini n ap pale, Nikòl... Pa
gaspiye lajan w nan koze sa a tande...

Nikòl rakwoche. Ki jan li pral rezoud pwoblèm rezidans
tifrè Anòl-la la a?... Epi Magarèt ta ka fè sa plop plop...

* * *

Pandanstan Nikòl ap reflechi sou lòt estrateji pou li
pran pou li ka rezoud pwoblèm tifrè Anòl la, Anòl li menm,
se pa sa ki nan tèt li ditou ditou. Depi li te tande nouvèl Edit
ak Jera ki vini soti Ayiti a, msye pran pretèks li pral wè yo
Florida pou li met deyò. Epitou, nan afè de limenm ak Nikòl
ki pa janm chita a, msye toujou panse li se yon nonm lib.
Anreyalite, se yon ti dam, yon bon zanmi li ki te rete Kwins
epi ki demenaje al rete Miyami nan menm peryòd sa a li anvi
al wè. Ki fè, msye pake taksi a, li ateri bò isit vin met bwa
Franse l deyò.

Msye desann kay Ti Jan ak Tika. Se konsa li
rankontre ak Antwanèt apremidi a. Antwanèt ki de pasaj nan
Miyami apre tounen nan Wèspalbich li a. Se yon bèlsè msye
toujou renmen wè... Se dam kokèt!...Aa, Depi msye wè bèl
fi, li pa ka ret anplas. Fòk li voye flè moute... Pandan tout
moun ap fè aktivite moute desann yo, mesye ap fè pwezi ak
Antwanèt. Li bliye kilès ki Antwanèt?... Ann pran yon jòf
nan konvèsasyon an...

Anòl   Oh, la madame, quel plaisir te revoir, quel enchantement.... quelle coquetterie...tu es comme une fleur de printemps....!

Antwanèt   Mais, Arnold darrling, il ne saurait *êtrrre autrrrement...*

Anòl   J'ai toujours pensé qu'Henry Claude a eu le gros lot en t'épousant. La nature est si généreuse avec toi...Fi tankou w, se nan musée de la beaute pou yo te espoze yo...Si m ta gen yon fi tankou w, m t ap santi m yon prens...

Antwanèt   Ou pa *prrrens,* Arnold, pa *rrreve* twòp, *darrrling.* Se nan katalòg wa wè m.... Tu sais que j'ai eu mon *contrrrat* avec cette compagnie de Hollywood? Eh bien *cherr* ami, le succès me *rrrecherrrche...* Ce n'est pas la petite Antwanèt te que tu as connue...

Anòl   Mais c'est bien celle que j'admire... J'aime les femmes à succès, elles ont l'intensité du feu et l'attrait du défendu... Elles m'ont toujours fasciné...

Antwanèt   E yo ka fè w fou tou! Ecoute *darrrling,* ne te fais pas d'illusion, tu n'es pas en *mesurrre* de te payer une femme à succès! ... Pas en faisant le taxi à New York en tout cas!

Anòl   *(ak anpil fyète)* Laisse moi te dire, ma chère, que je suis l'homme le plus heureux du monde. Je suis un homme heureux et libre...

Antwanèt   *Librrre,* ou pa marye ak Nikòl? Ou pa gen twa timoun?

Anòl   *(ak yon vwa siwo myèl mètdam)* Bien sur. Je
te parle d'une liberté intérieure. Je ne suis pas un pantin qui
dépend d'un patron. Je ne dois à personne... Mes cartes de
crédit sont à jour. Je dors et me lève quand je veux. Je
travaille quand je veux. Je voyage quand je veux... Combien
parmi les hommes de ton beau monde peuvent dire autant???

Antwanèt   *(ak pretansyon)* Ecoute *darrrling,* dans la vie
il faut *fairrre* un choix. Moi, j'ai choisi la séduction du luxe,
le tango du défi... J'aime ça être *imporrrtante,* j'aime *fairrre*
la *differrrence*: J'aime le côté féerique et moelleux de la
rrrichesse et de la *gloirrre*... Je ne peux t'imaginer *heurrreux*
en faisant le taxi... A New York encore!

Anòl   *(ak yon vwa sediksyon)* Oui, heureux, à New
York même! Même plus heureux que lorsque j'étais député
en Haiti... Imagine que je conduis dans les rues de Manhattan
à deux heures du matin parce que je veux, parce que ça me
chante...... New York s'endort à demi et moi je traverse ses
artères à toute vitesse... Pas de passager. M rale yon kasèt
Tabou Konmbo... M ap bat ti muzik mwen.... Tout le pays
m'appartient!.... New York s'endort dans mes bras et la statue
de la liberté s'ennuit de moi...Nèg a tout vitès...Tabou fin
debòdé... *Gade yon Siwo*... Wouuuuuu!

Antwanèt   *(ak iwoni)* Good *forrr* you, *darrrling*...Moi, je
vois les choses *autrrrement*...

Anòl   Mais tu sais, autrefois...

Antwanèt   *(ak pretansyon)* Ou fèk *mourrri* nan fim
nan!... W ap pale du pase... Ou se yon ansyen... Moi, je suis
le *prrrésent*... dans l'enceinte de la gloire...

Anòl   (*desi*) Tu as tors, Antoinette... j'ai le coeur en
écharpe... Comme dirait Lamartine...

Antwanèt   Oh, shut up!... de *Lamarrrtine* tu ne sais
rrrien...

   Anòl desi, gen lè li pap arive kraze chèlbè a byen ak
Antwanèt. Sa enève l, pase limenm Anòl Gaspa, li pa janm
file yon dam pou dam nan pa fonn tankou siwo myèl nan
men l.... Sè ke, se pa nenpòt ki li ye: Anòl Gaspa, ansyen
depite avi, toujou depite nan je tout Ayisyen nan Nouyòk,
Prezidan Direktè Jeneral tout Ayisyen chofè taksy nan
Nouyòk... Nèg sa tout moun renmen bay lanmen an, pou y ap
rele "ekselans" la ... Ala Antwanèt la dwòl, en!...)

Anòl   (*repwochan*)

Tu es donc une nouvelle génération de femme, ma chère, car
les femmes haitiennes,

Ces femmes que j'ai connues, innocentes et mignonnes
Etaient comme des fleurs parfumant mon jardin
Elles exhalaient l'amour et semaient la bonté
Je les cueillais au vent, pour en faire un bouquet.

Ces femmes dont je te parle, uniques dans leur genre
Sont les femmes les plus belles que j'ai jamais rêvées
Elles sont de bonnes mères et de tendres épouses
Qui s'attèlent à la tache de maitresse de maison.

Elles incarnent l'amour dans son sens immortel
Elles portent jalousement le secret du bonheur

Leur richesse et leur gloire sont celles de leur conjoint
Et leur seule conquête est celle du bien-aimé...

Ces femmes étaient alors l'artisan du bonheur
L'harmonie conjugale était donc assurée
Et nos chers enfants étaient bien protéjés
Tandis que nous, les hommes, nous partions à la lutte...

De nos jours, je m'y perd....!

Elles sont parties, nos femmes, travailler comme nous
Emportant leur douceur et leur charme sacrés
Au bureau, à l'usine, ou des regards malins
Dérobent nos secrets...

Le foyer est désert, l'amour se refroidit
Qui nous accueillera après de longues journées
D'érintantes labeurs et de tensions sans fin...
Qui sera le premier à guider nos enfants
Sur la voie de l'amour dans ce monde pertubé...

Qui?

Voyons, chère Antoinette, toi qui es plus que femme
Tu incarnes toutes charmes et tu as tous les dons
Pourquoi chercher ailleurs le bonheur et la gloire
S'ils sont déjà en toi, dans l'enceinte du foyer

...A moins que tu ne sois malheureuse en secret...?

Ay ya yay, tonnè! Sa mouche te bezwen di sa fè! Antwanèt
pran dife lamenm!

Antwanèt   *(reyaji sou tèt zòtèy)*Moi, *malheurrreuse?*
Mais j'ai tout de la vie, comme tu vois, *darrrling*, je me
considèrre une *rrreine*...

Anòl   *(profitè)* J'aimerais bien être ce roi...

Antwanèt   *(reprann kontwòl konvèsasyon an pou l fini ak
                 sa)*
Arrrnold, si ou pa vle m *rrrele* mèt ke w pou ou kounye a
pito w pe tande...Talè m pa bay Nikòl yon kout fil la a...

Se konsa Anòl chanje konvèsasyon an, li rann li kont pito li
met deyò, pito li al wè ti dam ki te rete Kwins la...Antwanèt
pa nan "jako pye vèt" avèk li...

* * *

Pandanstan an, dapre sa nou te okouran lafwa pase,
Tika ak Ti Jan te rich san yo pat janm te konnen. Ti Jan te
gen senk mil dola sere nan yon kodenn pandan Tika limenm
te gen yon afè de di mil dola konsa sere nan yon sak zòrye.
Se yon gwo nouvèl pou Ti Jan Bonplezi. Imajine w, yon nèg
ki toujou ap travay di depi prèske ven tan Ozetazini, ki pa
gen senk kòb, tèlman travay nan peyi blan an se lave men
siye atè... Epi men li gen kenz mil dola la a, san konte
monnen...!

Se tankou se yon mirak. E se konsa Tika pran l tou...
Pou moun sa yo ki apèn gen yon ti monnen ki rete sou chèk
yo chak mwa lè yo fin masakre l pou peye tout bil, posede
kenz mil dola san se pa prete y al prete l labank, san pa gen
pou peye enterè sou li, san pa gen remèt, se yon evenman
estwòdinè.

Se konsa Ti Jan ak Tika pral leve pou la premyè fwa nan vi yo depi yo Ozetazini, pou y al pran yon ti vakans. Dapre kout fil Ti Jan fè nan plizyè ajans devwayaj, se yon kwazyè ki rele "Maylòv" y ap pran.

* * *

Pandanstan an, Nikòl, ou sonje Nikòl gen pou l vin anvakans Florida, se pa de prese li bezwen prese vini pou l al fè acha ak Sandra pou yo ale prepare kèk bon pwogram ak medam gwo zouzoun parèy yo. Li achte tikè l, li pran de pitit li yo, epi li pare pou l vin Miyami... M pa menm kwè li telefone menm, moun yo konnen l ap vini endsèjou... Epi, sa li bezwen anonse davans fè, Tika pa janm al ankenn kote, li toujou nan kay la ... Kidonk, gen yon kokenn chenn eksitasyon kay Nikòl: *On va a Miami!...*

* * *

Pandan tout eksitasyon sa yo kay Tika ak kay Nikòl, gen yon lòt kalite dewoulman kap rive prese prese kay Gaston. Eske w sonje Gaston te rive lakay li, li te jwenn kay la anplimdepan, yon ti mizik swa ap jwe ansoudin nan estereyo a, yon manje santi bon byen toufe nan kizin nan pandan Magarèt tap benyen nan douch li anchantan? Bon, chita tande koze a. Vin pran yon apèsi de sa kap pase lakay yo a.

Kounye a, nou kay Gaston, msye yon ti jan sispèk sispèk, li pa konn kote l gad...

Gaston   Magarèt, kote w? Margaret, where are you?

Magarèt   Map vini cheri, m ap fin prepare m...

Gaston   Prepare w pou w al ki bò? Jodi a se samdi
apremidi... ki sa w gen pou al fè nan lari a konsa a...

Magarèt   M pap sòti, non, m pap al ankenn kote...

     Gaston parèt nan chanm nan, li wè Magarèt ap
abiye... men lè m di w sa a, Magarèt ap mete yon bèl rad,
yon bon ti pafen delika sou li. Manmzèl prèske fin pare...

Gaston   Oo, sa w bezwen biye bwòdè konsa fè?

Magarèt pa reponn. Li fin abiye, li mete yon bèl je bijou sou
li, li mete yon ti pafen deliks ki gen ti odè byen dou sou li,
epi li parèt nan salon an...

Gaston   *(janti epi enkyè)* Oo, kouman ou bèl konsa a?
Where are you going?... Kote w prale?

Magarèt   *(ak yon ti malis nan vwa li)* Ankenn kote. M
pap prale ankenn kote...

Gaston   *(kirye)* Pou ki sa ou bwòdè konsa a?

Magarèt   *(ak kokètri)* M pa bwòdè non cheri, m
natirèl... Èske ou renmen rad sou mwen an ?

Gaston   *(ak enkyetid epi kiryozite pi rèd)* Mèwi, se
yon bèl rad... Li fè w byen tou... Pou ki sa ou mete l jodi a,
ou te ka tann yon lè n ap sòti...

Magarèt   *(pi kokèt toujou)* Non... Se pou mwen ka
mete li jodi a menm mwen te achte l... Èske ou lib aswè a?

Gaston   *(ap ezite)*... M lib... Depi m antre.... M pa gen
yon pa m pral fè ankò...

Magarèt   Mwen byen kontan... paske aswè a, mwen vle
envite w...

Gaston   *(etone)* Nan ki sa?

Magarèt   *(ak yon ti malis)* Tann wa wè...

　　　Se konsa, Magarèt met yon men l devan zye Gaston,
li pran men l, li mennen l nan salamanaje a. Li debouche je
l.... Gaston gade li wè tab la byen gani, kouvè ranje... Yon
lanbi byen kuit layite kò l nan yon sòs jònabriko tapise ak
zonyon, makawoni ograten pa isit, salad kreson ak zaboka pa
lòtbò, diri ak dyondyon ak pwatchous nan mitan... Yon gwo
po ji grenadin kanpe doubout nan yon bèl potaglas, akote
yon penpatat byen soupoudre ak rezen epi ak ti sik fenfen
simaye "dyòl loulou" sou li...

Oo, sa ki gen jodi a?

Gaston pa konprann anyen... Sa ki gen jodi a... "Pou ki tout
bri?"

Se fèt Magarèt?

Si se pa sa, se ki sa?

Gaston   *(anbarase)* Magi, di m non, se fèt ou jodi a?... Ki sa n ap fete?

Magarèt   Non, se pa fèt mwen jodi a... Se te fèt mwen mwa pase... Jodi a, se yon lòt bagay... Se yon okazyon espesyal mwen kreye pou mwen di ou mwen renmen w...

Gaston pèdi nèt atò.... Sa kap tann li la a... Msye sispèk... trè sispèk...

Magarèt gade Gaston nan je, byen dwat nan je epi Gaston santi kè l bat fò... tankou se pa yon bagay li ta janm atann li ki ta fèt... Magarèt mache sou li, li bo l epi msye tou bo dam nan tou... Oo!

Gaston   *(pa konprann anyen toujou)* Kouman ou bèl konsa a? Sak gen jodi a?

Magarèt   *(ap ri anba anba)* Cheri, pa gen anyen. Relaks. Mwen konnen ou pa gen reyinyon aswè a, mwen pwofite kuit yon ti manje pou ou...

        Sèke Gaston se moun ki si tan okipe, li toujou nan reyinyon adwat agòch, li pa janm pran san l tout bon pou l pran relasyon l ak Magarèt la oserye.... Sa pa vle di li pa renmen dam nan, non...

Gaston   Machè, gad bèl manje ou fè, epi mwen t ap ale manje kay Tika la a, wi...

Magarèt   Pa gen manje kay Tika aswè a... Se kay boubout ou pou ou manje... Se ou ki konprann mwen pa konn fè manje ayisyen byen... Mwen konn fè manje, epi, kanta pou manje sa a jodi a, mwen fè l ak tout kè m...

Gaston   *(enkredil)* Ala yon bèl manje papa!... Ki fè, se ou k fè l?

Magarèt   *(ti vwa l byen dous)* Se mwen ki fè l... pou ou...

Mizik la kontinye ap jwe... Se yon kalite bolewo Dòdòf Legwo, mizik lontan lontan, bagay ki raple Gaston lè li te ti jènjan, san pwoblèm, san sousi, epi kè l atandri... Li pran men Magarèt tankou pou l mande l danse... Ki sa? Pa ban m!

Mesyedam yo ap danse, mizik la pi dous toujou... Gaston rete apiye sou zèpòl Magarèt, y ap viv bolewo a, mizik la twò bon pou l fini. Magarèt li menm, mete tèt li sou lestomak Gaston. L ap tande kè msye kap bat byen fò epi l ap panse: gad ki jan yo tou pre la a, yonn kole ak lòt men li konnen, yo pa pre vrèman, Gaston se yon moun ki toujou lwen. Nanm li ak kè l toujou lwen...

Mizik la fini, twò vit, men yon lòt ap kontinye. Fwa sa a, se yon Webè Siko enstrimantal kap jwe. M pa bezwen di w ankò... Kalite saksofòn siwo myèl sa a... Se bagay swa nèt! Magarèt di Gaston nan zòrèy:

Magarèt   Mwen renmen w anpil cheri. Mwen ta tèlman renmen wè nou ere ansanm.

Gaston leve je l tankou li fèk leve nan dòmi, li reyalize ki jan li sot plonje nan rèv li pou Ayiti la a pandan li nan bra

Magarèt la. Li toujou separe lavi li kò m Ayisyen ak lavi li ak Magarèt ki se Meriken, menm si Magarèt toujou ap foure kò l pi fon nan bagay Ayiti...

Gaston   *(Msye tounen nan reyalite a pou li reponn Magarèt)*
Mwen renmen w tou, Magi. Sa k fè w panse nou pa ere ansanm?...

Mesyedam yo pase atab. Gaston rale chèz pou Magarèt chita. Oo, msye leve, l al chache yon boutèy diven li te gen nan frijidè a. Bagay msye ta fè sèlman lè li gen zanmi reyinyon li yo ki vini wè l..Oo, msye dam yo trenke...

Epi se konsa telefòn nan sonnen... Tonnè!

ring.....ring..... ring.....

Telefòn nan sonnen, men Gaston deside pa leve al pran l. Li fè Magarèt siy pou li pa leve al pran l non plis tou... Yo pap pran apèl... Yo pap kite moun deranje yo... Gaston okipe ak Magarèt epi li pa vle anyen deranje l... Mezanmi O!

Pandanstan an, konvèsasyon an ap kontinye, Magarèt met yon kiyè manje nan bouch Gaston epi... Gaston mete vè diven pa l la nan bouch Magarèt... Ayayay yayay!

Oo, Apa Gaston te santimantal tou?

Gaston   *(twouble)* Kote w jwenn tout mizik sa yo, Magi..?

Magarèt   *(filozofik)* Yo te toujou la a... M gen prèske
dizan depi m achte yo. Tout tan m ap tande yo la a pou kò m
... men, se premye fwa n ap tande yo ansanm...

Gaston   *(enkredil)* E manje Ayisyen an menm?...Kote
w achte l?

Magarèt   *(ofanse)* Achte? M pa achte manje a, non...
Oo, se mwen ki fè manje m wi, epi, poukont mwen, san
moun pa ede m...

Gaston   *(ak yon ti rega malisye)* I can't believe it!...

Magarèt   *(filozofik)* Gaston, dat m ap aprann fè manje
Ayisyen, dat m ap danse mizik ayisyen, dat m ap viv tankou
Ayisyen, ki jan fè se jodi a ou reyalize sa? Ou pa konnen
mwen renmen ak yon Ayisyen, m ap viv ak yon Ayisyen
depi prè d di zan? Ou pa sonje se mwen ki konn patisipe nan
tout mach pou defann kòz Ayisyen, ki fè tout demach ou
konnen ki posib nan konnti, nan siti, nan lachanm, tou patou
nan biwo isit Ozetazini pou defann kòz Ayisyen, pou
pwoteste kont tout abi kap fèt kont Ayisyen? Kote ou konn
ye lè sa yo?

CHAPIT 11

Yon Lanmou San Fwontyè

Pandan labèl Antwanèt ap twouble bonnanj Anòl san zespwa, pandan Nikòl nan ayewopò Miyami ap eseye tout nimewo telefòn Bonplezi li gen nan kanè l, Gaston ak Magarèt ap viv yon moman san parèy. Yo plonje nan yon konvèsasyon la a ki fè Gaston reflechi anpil... La verite sè ke Gaston toujou reve tounen Ayiti yon jou epi li toujou panse, kòm Magarèt se yon Ameriken, li depasaj nan lavi l. Li gen pou l tounen nan peyi l, Magarèt gen pou rete isi... Men mezanmi, ki jan ti dam nan ta ka yon *depasaj* si li gen tout tan sa a ak Gaston! Sa se yon gwo mank pou yon gason panse konsa...!

Telefòn nan sonnen ankò, Gaston deside pran l fwa sa a... Se Nikòl ki Ayewopò, kap mande li pou l in chache l pou li mennen l kay Ti Jan... Se pa dat li ap rele toupatou, li pa sa jwenn pèsonn moun...

Gaston   Alo?

Nikòl   *(ak awogans)* Alo Gas, se Nik, je viens juste
d'arriver, l'avion vient d'atterir, je ne vois personne à
l'aeroport pour m'acceuillir avec les enfants... tu sais que je
ne suis pas venue avec ma bonne...et les enfants sont si
turbulents...

Gaston   *(kèpòpòz)* Nikòl, mwen très okipe la a, pito w
pran yon taksi... M pap ka deplase ...

Nikòl   *(ak awogans toujou)* Oo, depuis quand tu ne
peux pas me rendre un service, un service de si peu
d'importance?... Oo, passe moi Margaret, je suis sure qu'elle
viendra me chercher... comme ça...

Gaston   *(kare)* ... M pap ka pase w Magarèt,... li
okipe... Li okipe avè m. N ap pale yon bagay serye la a.

Nikòl   *(ofiske)* Oo, depi kitan... han, pase m
Margarèt mwen di w!..

Gaston   *(kare, byen frèt, sinik menm)* Nikòl, Magarèt
pa epav, li okipe ... Li pa disponib, l ap pale ak mari l!

Nikòl   *(sezi, choke, desi)* Oo, eh bien qu'est ce que je
vais faire moi même? (" Ap pale ak mari l"? ...tuip!)...
Konnen w pa konnen sa li sere pou ou... Ameriken pap janm
sòti pèdan, non!

Gaston   *(msye pa konprann fraz la)* Ki sa w di la a?

Nikòl   *(ak mechanste)* Anyen, anyen. *Bondieu* fè
kat pelouz mwen deja achte, m ap griyen dan m nèt lè
panzou a va rive...!

Gaston   (*li enève paske li pa konprann ditou*) M pa
konprann sa wap di la a. Ni m pa bezwen konprann nonplis.
Sèl sa m ka fè pou ou, m ka peye taksi a. Epi se tout. N ap
pale apre. Bay!

       Gaston rakwoche. Kout fil la deranje l. Li te nan yon
si bèl konvèsasyon en!...Tonnè!... L ap pale pou kont li, nan
dan...

Gaston   Ki bagay sa a, Nikòl pa manke awogan, en, li
panse li ka itilize ni mwen ni Magarèt, ...Gade, manmzèl pa
konnen ki moun yo rele m... M pa nan rans non...!

       Depi anvan kout fil la ki vin kontrarye l la,
konvèsasyon Gaston ak Magarèt la te gen tan rive byen lwen.
Apre kout fil la, Gaston on jan enève... Andire li pa ka boule
ak jan de fanm tankou Nikòl yo, ki konprann yo gen dwa a
tout bagay, nenpòt kilè lide yo di yo. Li panse nan kè l:
"gade ki jan yon fi tankou Magarèt senp.... Magarèt se yon
moun espesyal, li pa panse l gen dwa sou li, tankou li se mèt
ke l"... Se konsa li santi kè l dousi pou ti dam nan... Dat
msye pa santi l konsa!

       Manje a bon. Trè bon. Gen yon ti piman inosan nan
lanbi a. Diven an yon ti jan moute nan tèt li... Manje a trè
bon. Li pa gen ni twòp grès, ni twòp epis... Msye satisfè epi
li pa manje twòp....

Magarèt   (*ak kè kontan*) Ou pa ta pran yon ti desè,
Gas?

Gaston   (*ozanj*) Avèk plezi, Magi...

Magi? Pandan Magarèt ap koupe yon tranch penpatat pou Gaston, msye leve, l al pran boutèy wonm Babankou senk etwal li te louvri avantyè a, li wouze moso penpatat li a ak yon ti wonm.... Hèm! Magarèt pito pran yon ti ji grenadin ak desè pa l la...

Mizik la ap pouse pou pirèd... Kounye a se "Chouboulout" kap jwe... Bon bagay!....

Gaston   *(ap fouye zo nan kalalou)* Magi, m ap mande m pou ki sa ou fè tou sa. Ki sa jès sa a vle di...?

Magarèt   *(ak sajès)* Li vle di mwen renmen w. Mwen gen lontan depi m pa gen okazyon di w sa... Se yon jou espesyal jodi a ye pou mwen dèske ou antre bonè epi ou pa prese soti pou w al ankenn kote ankò ... Mwen kontan pataje ti tan sa a avè w...

Gaston   Mwenmenm tou... Mwen gen lontan nou pa fè yon bon pale...Fò m di w ou se yon bon moun, Magarèt... *(li chanje sijè)* Kouman sa ap mache nan travay ou a?

Se premye fwa Gaston pran san l pou l mande Magarèt kesyon sa a... Se tankou yo fèk ap fè konesans...)

Ala de lavi!

Magarèt   *(ap reflechi)* Tout bagay ap mache trè byen, wi... Depatman an ap gen yon nouvo finansman la a, talè konsa nou pral fè plis rechèch toujou... E oumenm, ki jan reyinyon nan pase jodi a?

Gaston   *(msye kontan pale sou sijè li renmen an)* Aa,
pa pale bagay sa a! Se chak jou m tande yon koze diferan.
Jodi a, m fè movesan paske te gen yon nèg ki t ap ranse.
Msye tap di yon pakèt tenten, tankou, afè Ayiti pa enterese l,
Ayiti fini pou li.... M manke met men nan gagann msye,
machè...Enbesil la, tout sa Ayiti fè pou li, pou jodi a li arive
ka renye l... Men... Gen moun ki gen tan gen je chèch...

Magarèt   *(damou... li pare pou li fè nenpòt sakrifis)*
Gaston, èske ou ta vle nou tounen Anayiti kounye a? Èske
ou t ap santi w pi byen si ou te Ayiti kounye a?

Gaston   *(filozofik)* Non. Pou kounye a, se isit pou m
ye. Anpil bagay kap fèt Anayiti, se isit yo makònen... Ou pa
konnen m ka fè plis pou peyi a pandan m bò isi a...

Magarèt   Oke. Paske si ou vle ale, mwen prale avè w,
depi ou vle...

Gaston   Ki jan ou ta fè kite travay ou ak peyi w pou al
Ayiti?...

Magarèt   Men, si se la ou renmen!... Ou pa konnen
mwen ta toujou renmen rete avè w?

Gaston   *(pansif)* Magarèt, ou ta toujou renmen rete
avè m?

Magarèt   *(doubout, lamenm)* Men wi. Se sa ki fè m la
a... Se sa tou ki fè m ta renmen ou anvi rete avè m tou...

Gaston   *(ap patinen)* Fò m di w gendelè m konn ap
panse a ou, m pa janm konn sa w vle ...

Magarèt (*enterese*) Mwenmenm? Sa m vle? Oo, mwen renmen avè w, mwen gen yon pakèt tan m ap viv avè w, mwen renmen w, m ta renmen pase rès vi m avè w. Yon sèl bagay, m pa konnen sa kap pase nan tèt pa ou...

Gaston (*ak prekosyon, filozofik*) Mwen renmen w, m pa gen dout... Men mwen pa fin si si nou ka pase vi nou ansanm... Ou se Ameriken, mwen se Ayisyen... Ou blan, mwen nwa... Se de diferans ki pa fasil pou moun travèse...

Magarèt (*lojik*) Men, ou bliye depi konbyen tan nou ansanm... Kouman ou fè panse konsa?... Si ou pat renmen sa, ou pa ta rete...

Gaston (*ap konfese*) Mwen renmen sa... Men, mwen santi yon kontradiksyon andedan m ...

Magarèt (*ak kiryozite*) Se ak yon Ayisyèn ou vle fè rès vi w?

Gaston (*ak senserite*) M pa konnen...

Magarèt (*ak detèminasyon pou li konn sa ki nan fon kè Gaston*)
Si ou pa konnen, kilès ki konnen?... Fòk ou deside. Paske sa pa enterese m pran plas yon lòt... M pap fòse anyen, men, te m di w: Mwen renmen w tout bon... Se ou ki vin fè m apresye Ayisyen... Se ou ki vin fè m renmen Ayiti... Se ou ki fè m aprann Kreyòl... Depi mwen rankontre w la, vi m pa menm jan an ankò. Mwen enpresyone wè ki jan pèp ou a ye. Mwen renmen fanmi w, mwen renmen Tika anpil... Mwen fèk konnen Edit, mwen gen tan gen anpil admirasyon pou li... Mwen twouve yon gwo plezi pou m dekouvri istwa pèp

ou a... Mwen renmen lang Kreyòl la...

... Afè ke m blan, ke ou nwa a se yon reyalite li ye menm jan ou gason mwen fi...

Gaston   *(an balan)* Bagay la pa senp konsa a... M ap mande m si se pa yon trayizon li ye, pou m leve m al marye ak yon Ameriken... Gen tèlman bon fi ayisyèn... Epi, lè yon jou map tounen... Epi si yon jou pou m ta gen timoun...

Magarèt   *(ak kouraj epi ak detèminasyon)* Gaston, m pap eseye konvenk ou cheri, men, tande m: Si mwen Ameriken ou Ayisyen, se yon diferans li ye, li pa fè kè w pi bon pase pa m, li pa fè m pi move moun pase yon lòt... Si nou gen pitit, ebyen, pitit nou va reprezante drapo ble wouj la, ya reprezante *linyon fè lafòs* ki se prensip Ayiti a... Ya reprezante inyon blan ak nwa... Ya reprezante senbòl antant enseparab ant Ayiti ak Lèzetazini.... M ap toujou Ameriken paske se la mwen fèt, w ap toujou Ayisyen paske se la ou fèt, men, nou toulede n ap vin gen de vi kap vin fè yon sèl....

Gaston   *(ap panse ak Ameriken blan ki rasis yo)* Si manman w te tande w!.....

Magarèt   *(ak senserite)* Si manman m te tande m, li ta p fè sezisman. Li pa tap atann li aske mwen ta renmen yon etranje, ni li pa ta p atann li aske mwen ta vle marye avè w paske nan eta kote m sòti a pat janm te gen anpil nwa...Men, manman m ak papa m se nwa sèlman yo pa nwa: yo se imigran tou, yo te vin sou bato tou sòti nan peyi Iland, ki te pòv pase sa m pa konnen... Manman m ak papa m te bat mizè anpil... Èske ou sonje sa ou konn ap tande sou tan resesyon ki te gen isit Ozetazini?

Gaston   *(adousi)* Ki fè manman w ka konprann sa
Ayisyen yo ap viv kounye a?

Magarèt   *(ak konviksyon)* Men wi. Li deja konprann li
deja... Si ou wè yon ameriken ap pran pòz li pa janm vivv
mizè, se kounye a... Men, istwa Jwif, istwa Ilandè, tout sa,
sanble tèt koupe ak istwa Ayisyen... Yon sèl bagay, kounye a
yo gen tan sòti nan enpas la yo menm epi pèp Ayisyen an fèk
kare ladan l...

Gaston   *(kontan)* Ou konnen mwen renmen tande sa
w ap di a... M te toujou konnen l men, se di w ap di l la ki ba
l plis sans toujou...

Magarèt   *(mete kat las li atè)* Gaston, si ou renmen m,
pa kite anyen avegle w... Pa fè erè sa a... Mwenmenm, m ka
di w, si ou renmen m, ou pa p janm regrèt sa... paske mwen
renmen w anpil...

Gaston   *(kè l fonn kou chokola)* Magi, m pa ta janm
panse nou ta fè konvèsasyon sa a jodi a... Mwen te toujou
mete yon baryè nan mitan nou, menm si nou ta p viv
ansanm... men, se nwa sèlman ou pa nwa, ou se yon Ayisyen
pa amou... I love you!

Magarèt   *(kontan)* I do too...

Telefòn nan sonnen ankò.

    Magarèt ta pral leve pran kafe a omoman telefòn nan
sonnen ankò a... Li ta pral pran telefòn nan men, Gaston
kenbe l, li di l pa reponn, pa kite anyen entewonp yo, li gen
yon bagay pou l di l... Msye louvri bouch li pou l pale, li fè

yon gwo soupi epi li pe... Li fè efò epi finalman li louvri
bouch li ankò.

Gaston   *(twouble seryezman)* Magi, èske ou rann ou
kont jan m renmen Ayiti?

Magarèt   *(santi Gaston ap dousi)* Mwen konnen, epi
mwen renmen l tou...

Gaston   *(pa vle pou lanmou li pou Magarèt antrave
                lanmou li pou Ayiti)*
Èske ou konnen se la pou m mouri...?

Magarèt   *(ak detèminasyon)* Si se la w vle mouri, se la
pou ou mouri, epi se la m vle mouri tou...

Gaston   *(san patriyòt la monte l)* Èske ou konnen m
se yon nèg ki ka neglije w dèfwa paske lè peyi m ap soufri se
tankou se mwen ki nan koma?

Magarèt   *(detèmine pi rèd)* Wi, mwen konnen... Mwen
viv sa deja... M konnen tou Ayiti merite tout sa ou vle pou li
yo ...

Gaston   *(tèt li bouye, li pè fè erè)* Te m di w... Bon,
anvan sa, ou pa ta vle reflechi anvan ou kontinye fè
konvèsasyon sa a?

Magarèt   *(pap fè bak jodi a)* Reflechi sou ki sa? Non,
mwen pa gen reflechi m ap reflechi. Mwen se yon moun ki
konn sa m renmen... Mwen pap viv avè w pase pa gen lòt
moun nan lari a, non... Mwen renmen w paske mwen renmen
w. E se te toujou yon rèv pou mwen pou mwen pataje lavi

yon moun ki gen yon ideyal... M vle prezan nan ideyal ou a...
Mwen vle anvan nou mouri pou nou wè Ayiti bèl, tout
timoun al lekòl, tout moun ka wè doktè, tout moun ka manje,
tout moun ka jwenn travay... Se yon misyon... Menm si ou ta
separe avè m, m panse m ap toujou gen rèv pou peyi sa a...
Se yon peyi mati, se yon peyi ki soufri men se yon dyaman
anba labou...Men se yon dyaman...

Gaston   *(ak anpil emosyon)* Magi, pou ki sa w ap
touche kè m konsa a?

Magarèt   *(ak detèminasyon)* Mwen pa konnen... Pou ki
sa ou boulvèse nanm mwen konsa a, oumenm?

Gaston   *(santiman li yo depase lojik li)* Mwen pa
konnen... M twouve sa dwòl pou m ap gade yon blan je ble
pou m ap di l mwen renmen l... Mwen boulvèse ... Mwen
gaye...

Magarèt   *(filozofik)* Mwen tou mwen boulvèse. Men,
lanmou pi fò...

Gaston   *(vle fè Magarèt pale plis)* Magi, ki sa kap
pase nan kè w? Ou sanble yon moun ki anvi di yon bagay...

Magarèt   *(detèmine)* M pa gen anyen mwen vle di ki
diferan ak sa m toujou santi: depi lontan mwen toujou
renmen w, men, ou pran distans ou anpil avè m. Petèt jodi a,
si m ta gen yon bagay pou m di, sè ke m ta renmen ou santi
w lib rete ansanm avè m ankò. M pa vle mande w pou ou
rete, men, anmenmtan, mwen santi si sa te depann de mwen,
mwen ta renmen viv avè w pou lavi... Ou konprann?

Gaston   *(ak ezitasyon)* Tankou pou nou ta...

Magarèt   *(detèmine)* Enhen, di mo a, di l non...

Gaston   *(pè fè fas a reyalite a)* Tankou... tankou ki
sa...

Magarèt   *(pi detèmine epi sensè)* Gaston, si ou pa anvi
pale, pa pale. Men, mwenmenm, m konnen tou, tout fi ki ta
nan plas mwen kounye a ka konprann mwen. Mwen santi
mwen pa gen okenn prèv ke ou vle relasyon nou an dire. Se
yon lanmou ojoulejou w ap viv avè m la a. M pap mande w
pou ou renmen m plis ke ou vle renmen m, men, mwen santi
m ta renmen, tankou tout fi, gen yon moun ki vle fè lavi l avè
m, san m pa fòse l...

Gaston   *(ap konfese pwoblèm li)* Ou konprann,
Magarèt, se yon bagay ki difisil pou yon nèg tankou m, si tan
nasyonalis, pou m ap parèt devan lasosyete a ak yon blan. Ya
jije m… Gen moun ka di mwen "de fas"...

Magarèt   *(lojik, repwochan menm)* Men, ou te dwe
panse a tou sa tout lè ou tap pran plezi ak dam nan tou. Ou
pat konnen mwen te blan? Ou pat konnen ou te nwa? M te
krè se nou ki toujou di lanmou nou se yon bagay ki pwofon,
li pa sou po ni anba po, se nan zantray li ye!?

Gaston   *(an balan)* M konprann sa w ap di a, se sa nou
te toujou konn di vre, men, lè lè a rive, move lang yo ap
entèprete m mal...

Magarèt   *(detèmine)* Mwenmenm, pèson moun pap
entèprete m paske mwen pa pèmèt yo. Epi nan fanmi m, pa

gen bagay konsa, ou wè ki jan moun lakay mwen akeyi w ak tout fanmi w...

Gaston   Sèke moun lakay ou yo edike, yo ka pa rasis...

Magarèt   *(lojik, detèmine, dènye gòl)* Antouka, dènye mo m ap di la a sèke pou mwen, pa gen diferans ant Ayisyen, Ameriken, Chinwa, Endyen. Depi san m ale ak moun nan, depi moun nan gen yon bagay ki ka relye m avè l, se sa ki konte... Kanta pou ou, si se yon Ayisyèn kap fè w ere, bòn chans... Chache youn...

Gaston   *(aksepte respekte santiman li)* Magi cheri, pa di sa, ou fè m reflechi anpil... M ap gade w la a, m pa wè anyen dòt ke yon bon fi mwen vle renmen pou lavi.... Ann marye cheri, m pap ka viv san ou... Ann marye...

Magarèt   *(sezi, kontan, sensè)* Gas, se li pou w te ka li nan fon kè m... pou ou ta wè...

Gaston   *(pa gen dout ankò)* Èske ou ta kontan marye avè m, Magi?

Magarèt   *(eksite)* Si m ta kontan? Si m ta kontan?... Mwen ta konble!...

     Se konsa Gaston konsidere pou la premyè fwa marye ak Magarèt. Se konsa, msye reyalize ke ledesten deside diferaman de jan li ta panse: li renmen yon blan, l ap marye yon blan...

Se konsa rèv Magarèt koumanse tounen reyalite....

Gaston ak Magarèt pral marye?! Kote panzou sa
Nikòl t ap tann nan? Ki dewoulman tètanba sa a?

Gaston   Cheri, ann fè yon rive kay Ti Jan an, non.
Ann al ba yo nouvèl la... Tika pap manke pa kontan!

*   *   *

Pandan konvèsasyon sa a ap pran dèz kò l, Nikòl li
menm ayewopò toujou, li rele kay Sandra, pa gen repons, se
yon anrejistreman telefonik li jwenn kap di l kite mesaj. Li
kite mesaj. Li bezwen antre tousuit ankontak ak Sandra pou
yo ka fè planifikasyon bagay serye. Kounye a, se yon kesyon
de pran taksi... Gaston di l pran taksi a l ap peye l, men li pè
pran chans... Epi, tout moun sa yo li gen nan Miyami an, sa
pa ta fè sans pou l ta vap jete lajan l fè nan di a pou l ap peye
taksi... Bon, li bezwen konnen tousuit ki sa lap fè, pase li pa
vle al pran taksi a epi pou Gaston pa remèt li kòb li... Epi
timoun yo tèlman ap fè dezòd nan ayewopò a, li santi HRS
san lè debake pou fè arete l pou "chal abyouz" tèlman li
penchenn timoun yo pou yo sa ret trankil. Li eseye rele kay
Tika plizyè fwa deja, telefòn nan sonnen san repons, kounye
a, li eseye ankò, epi Bondye pou li, li jwenn Tika...

Tika   Alo, o, Nikòl, apa ou, kote w ye la a...

Nikòl   *(ak awogans)* Ayewopò, ma chè, kote w te
ye, ou pat konnen m gen pou m vini endsèjou?

Tika   *(lojik)* M konnen ou gen pou vini men, m pa
ka chita bò telefòn nan tout tan ap tann ou rele pou di "men
ou" ...Bon, apa ou pa rele pou anonse nou w ap vini? Nan ki
ayewopò ou ye la a, ou Nouyòk toujou?

Nikòl   *(enpasyan)* Non ma chère, je suis à l'aéroport
de Miami! Je suis ici, ma chère...

Tika   *(lojik)* Ou pran chans wi, ou pa fè nou konnen
dat la menm... Bon, e si nou pat la...?

Nikòl   *(ak awogans)* Lè sa a ou ta rele m omwen
pou anonse m ou pap la! ...Menm jan ou te ka rele m tou pou
ou konnen si m pa chanje lide... Comme d'habitude, non...
Oo, ki jan ou chanje konsa a, se pa konsa w konn pale avè m,
Tika...

Tika   *(Inosan)* M pa gen anyen k chanje non....
Bon, te m pase w Ti Jan pou w ka ba l enfòmasyon pou nou
ka vin chache w... Kouman vwayaj la pase..?

Nikòl   *(enpasyan)* Aa, na gen tan pale, pase m Ti
Jan an...

Tika   Ti Jan, men Nikòl bezwen pale avè w...

Nikòl   *(Awogan)* Tande non Ti Jan, se pa konsa
moun fè sa, nou konnen moun ap vin lakay nou, epi nou pa
chita?

Ti Jan   *(frèt, sinik)* Apa w jwenn mwen. Sa k fè ou
pat mande Sandra pou l chita tann ou? Se avè l ou pral pran
plis plezi...

Nikòl   *(Mètdam)* Oo, kote w jwenn ak lide sa a ...
Èske w ap vini kounye a?

Ti Jan   Kibò?

Nikòl   *(ak enpasyans)*   Ayewopò!

Ti Jan   *(lojik)* Non, m pa ka vini. M gen yon
randevou ak yon ajans ki gen pou ban m yon dènye mo la a.
Pran yon taksi, m ap peye l lè ou rive devan pòt la...

Nikòl   *(mètdam, mativi)* Oke frè m. Kanpe deyò a
wi. M pa bezwen taksi a ap rete tann, epi pou l konprann se
nenpòtki mwenmenm ak pitit mwen yo ye... Mete omwen
senk dola sou kòb la pou tip pou chofè a pa konprann mwen
se nenpòtki...

Ti Jan   *(pou l fini ak sa)* Pa gen pwoblèm. Kay pou
ou. N ap tann ou.

      Se konsa Nikòl rive. Depi li rive, timoun yo
kòmanse ap di "Ma, I don't want to stay in this house"...
"maman, pourquoi on ne va pas chez Tante Sandra..." Pi piti
a menm di: "Tu avais dit que c'est pas beau chez Tika..."

Oo, chez *Tika* mèm! Alò se pa matant Tika?

      Depi Nikòl rive kay Ti Jan ak Tika, li kontrarye.
Dabò, ki jan fè se konsa moun yo ranje kay la! Li twouve
moun yo pilsoupil, avèk afè de Jera ak Edit ki nan kay la ak
touletwa timoun yo. Bon, kilè yo pral lakay pa yo?...

      Nikòl gen tan wè tout sa ki pa bon. Li gen tan bay
Tika lide ki sa pou l achte, ki kote l ap jwenn yo paske mèb
sa yo pa ale ak tèl lòt, bifèt sa a twò ansyen, rido sa a bon
pou chanje, elatriye, elatriye!

Nikòl   Bon, apa pa gen pisin! Oo, gade nou vin la a, pa gen pisin pou timoun yo... Oo, Mais ç'est rase ici! Vous ne saviez pas que j'allais venir avec les enfants? Que vont faire les enfants dans cette chaleur infernale?

De lakay Tika etan, Nikòl gen tan pale nan telefòn ak Sandra, *le rendez vous est pour ce soir,* yo pral pran yon kafe ansanm, se la yo pral planifye pwogram semèn nan...

Nikòl ta pral abiye l pou l tann Sandra vin chache l, men, Ti Jan anonse l li gen yon bagay pou li di l... Kidonk la p tann li.

Antretan, *bèl* la sonnen.

Tika kite sa l ta p fè a, li kouri ale louvri... Ou pa ta panse ki sipriz li pral jwenn... Fwa sa a, se yon sipriz ki pi rèd atò: Yon kokenn chenn bouke flè yo vin livre, la a, nan bab Nikòl... Ou krè se ta Pòl ankò? Nou sonje lè Pòl te fè bèbèl la avèk Tika a?

....Men gen lè se pa Pòl...

Tika fè sezisman, men, ou konnen, flè yo ka pou Nikòl tou... Gen moun la a, li on jan pa fin alèz nèt, li rele Ti Jan...

Tika   Ti Jan, Ti Jan, vin non, vin gade pou mwen... Men yon bèl bouke flè yon konpayi vin remèt la a, wi.. Vin li pou mwen...

Nikòl   Te m wè, oo, quel beau bouquet... surement c'est une surprise d'Arnold...

Arnold? Anòl nou konnen an?

Tika   *(eksite, paske flè yo ka pou li tou...)* Tann
non, manyè tann, Nikòl. Kite Ti Jan gade anvan...

Nikòl   *(ap pase Tika nan betiz)* Ki jan, menm sa a ou
pa ka li...?

Tika   Se pa li, non, mwen pa ka li l, lè m fè
emosyon, zye m toujou gen tandans fè dlo, mwen pa wè
byen lè konsa...

Nikòl   *(Ou wè se moun andeyò vre, li di nan kè l)* Sa
a ki gen tan fè w fè emosyon an?

Ti Jan   (Ap pwoteje madanm li kont atitid pretansye
Nikòl la) Tika, antre ak bouke a, al chita devan tab la, pran
san w, li afè w...

Tika   *(gaga ak kontantman)* Ki jan, se pou mwen li
ye? O, mezanmi, a la yon bèl bouke mezanmi... Ti Jan, se ou
ki fè m bèbèl sa a?

Ti Jan   Al li kat la non, machè...

        Tika al met bouke a sou tab salamanje a. Se konsa li
pran san l, li li kat la. Men sa li li:

        "Viv bò kote w Tika, se yon bèlte san fen
        Ou se yon flè etènèl ki pape janm fennen
        Mwen renmen w pou lavi, ti choublak inosan,
        Tout kè ou se bonte ak lanmou karesan"
                                        Ti Jan

Tika   *(ozanj, egare ak kontantman epi ak fyète tou)*
Mezanmi, mezanmi Ti Jan, ala yon bèl bouke mezanmi...
Ala bèl mo Franse...

Ti Jan   *(etone)* Se pa Franse, non, Tika... Se Kreyòl,
wi, ki bèl konsa a...

Tika   *(ak emosyon plen sak pay li)* Mezanmi... Apa
m ap pèdi tèt mwen? Ki sa m fè pou m merite tout jantiyès
sa a Ti Jan? Mèsi tande cheri... Mezanmi, gade yon bouke
non, mezanmi... Ou pa vin gade l Nikòl? Se pou mwen, wi...
Ti Jan wi ki voye l pou mwen... Cheri, sa fè m kontan anpil,
wi...

          Tika pa konn kote pou l met kò l. Mezanmi, gade yon
bouke flè... Ala yon plezi mezanmi... Gade bèl jès non, Ti
Jan ap fè avè l... li tèlman kontan, dlo sot nan zye l...

Sa fè de fwa nan menm ane a li resevwa flè...

Nikòl   *(jalouzi ap pete fyèl li)* Sa w gen la a, Tika?...
Poutèt yon bouke flè w ap fè tout bagay sa a?...

Tika   *(ap rektifye)* Non, se pa poutèt flè a sèlman,
non... Se poutèt jantiyès la, prèv damou an ak sipriz la Ti Jan
fè m nan... Se poutèt kokenn chenn lanmou sa m santi pou Ti
Jan an epi pou lanmou sa l santi pou mwen tou a... Ou pa
konnen se tout vi m, tout plezi m ki la a... Se Ti Jan ak twa
timoun mwen yo!... Se yo ki tout mwen... Ouuuu, m santi m
viv.... Bon, kote m ye la a, si m mouri kounye a mwen pral
nan syèl... Mwen santi m kontan, m pa ka di w sa k fè sa...
...Oumenm sa k fè ou wè sa pa anyen se paske ou dwe

resevwa flè tout tan, noumenm bò isi a se pa de plezi nou ka pran fasil paske lavi a chè epi nou gen timoun n ap elve...

Konnen Tika pa konnen ki jan jalouzi ap pete fyèl Nikòl... Flè? Anòl voye flè!... Li voye flè moute... bay medam yo deyò a... Se pa Nikòl ki ta resevwa flè nan men Anòl.

Nikòl di nan kè l: "Bon, sa Ti Jan jwenn nan Tika la a? Tuip!"

Tika antre nan chanm nan dèyè Ti Jan. L al pou pale avè l, men, fòk ou ta wè sa, se tankou yon timoun Tika ye devan Ti Jan, li pa konn sa pou l di...se dlo kap kouri nan zye l...

Ti Jan   *(karesan)* Pou ki sa w ap kriye a, Cheri?

Tika   *(ak ti vwa pike li a, tankou yon timoun)* Se pa kriye, non, sa rele, se tankou yon emosyon ki twòp pou mwen... Se konsa m ye, ou konnen...

Ti Jan   Ebyen pare w pou ou fè lòt emosyon ankò... paske ou pral pase senk jou estwòdinè... se tankou yon rènn w ap ye... M vle ou pase yon moman inoubliyab... Mwenmenm tou l ap inoubliyab pou mwen... Se vakans nou, cheri... M pa vle w kriye... Aprann jwi plezi lavi a, pa kriye lè sa bon... Se ri pou ri tande, cheri.

Tika   *(ap siye je l tankou yon timoun)* Wi, m tande sa w di m, wi...

Ti Jan   Eske ou pare? Ou fin pare? Talè konsa, demen maten limouzin nan pral vin cheche nou...

Tika   Oo, se pa nan machin nan nou prale... Oo, epi m te gen tan met tout malèt yo nan machin nan, wi...

Ti Jan   Relaks kò w Tika... Kite m okipe m de ou... Vin apiye sou lestomak mari w...Kite chofè a okipe de malèt yo...Lè l vini li va pran yo nan machin nan...

Ki fè, moun yo pare pou yo ale nan kwazyè a...

Antretan, *bèl* la sonnen ankò, se Sandra ki vin chache Nikòl...

Nikòl   Les enfants, je sors, soyez gentils, ok? Et puis, couchez-vous tôt, on se voit demain matin.

Demain matin?

Ti Jan parèt pou l wè ki moun ki te sonnen *bèl* la. Oo, se Sandra ki gen lè pa menm tap ret di yon ti bonswa menm... De medam yo pare pou y al derape... Ti Jan entèvni...

Ti Jan   Nikòl, m te di w mwen gen pou m pale avè w. Ou pa ka ap sòti!

Nikòl   *(awogan)* Mais Ti Jan, tu peux attendre demain au moins, je ne peux pas faire attendre Sandra...

Ti Jan   *(byen fèm, li pa nan rans)* Sandra va attendre! Et tu vas m'entendre aussi. D'abord ou pa ka ap pati konsa a, ki moun ki ap veye timoun yo pou ou?

Nikòl   *(etone)* Oo, qu'est ce qui te prend? Se pa Tika
ki konn veye yo? Tika la a, li pa gen yon pa l ap fè...!

Ti Jan   *(byen serye)* Sa se mo pa w. Tika okipe. Epi,
depi ou vin la a, ou boulvèse Tika twòp....Kite l anrepo. Kite
kay li anrepo... Ou vin la a, nou byen kontan wè w, men,
nou pa vle chanje lavi nou paske ou vin wè nou... Pa gen
pisin isi a, pa gen mèb nèf, pa gen anyen ki pa nesesè. Men,
gen anpil bagay tankou lanmou, respè ak disiplin. Mwen
espere bagay sa yo va apresye...

...Sa m te gen pou m di w la sè ke mwen ak Tika n ap fè yon
deplase...

           Pandanstan an, Sandra pa di krik. Se men nan bouch.
Men Nikòl antrave....!

Nikòl   *(ak iwoni)* Kote nou prale gwo aswè a?...

Ti Jan   Nou pap sòti aswè a, non, n ap sòti demen
bonè, pou plizyè jou...

Nikòl   *(sa li tande la a?)* Pas cette semaine, j'espère?

Ti Jan   M di w demen maten. Tika et moi nous
partons en croisière...

Nikòl   *(sezisman)* ...Ankwa...?

Ti Jan   *(ak fyète)* Oui, ma chère, en croisière. Nou
pral pran yon detant la a, pou kèlke jou, senk ou sèt jou
mwen kwè...

Nikòl   *(Pa ka kwè)* Ki jan, nou pral an kwazyè a?...
Men, nou gen kòb?...

Ti Jan   *(byen fèm)* C'est secondaire. Tika okipe. L ap
prepare vwayaj li, donk li pa gen tan pou l okipe timoun ou
yo. Edit ak Jera trè zokipe nan afè pa yo, pa gen kesyon pou
ou detounen yo pou yo okipe timoun yo pou ou non plis.

Nikòl   *(choke)* Et qui s'occupera de mes enfants
alors?

Ti Jan   *(byen fèm)* Oumenm! Isi a pa gen bòn. Ou
konnen, se Tika avè m ki toujou okipe pa nou yo. Kounye
a...

Nikòl   *(vekse)* ... Ki sa, okipe timoun mwen yo,
menm! Je suis venue en vacances, moi!

Ti Jan   *(kal, li pa ebranle)* Antan ke frè w, si ou pa ka
rann ou kont desa, fòk mwen raple w ke se responsabilite ou
pou ou sipèvize timoun ou yo pandan sejou w ap pase isi a.
Kòm w ap la, nou panse ou ka enterese sipèvize timoun pa
nou yo tou. Stiv gran li menm, li pa ladan l. Msye ka okipe
tèt li pou kò l....

Nikòl   *(vekse anpil)* Quelle est cette affaire de
laisser tes enfants avec moi? Je ne sais même pas comment
m'occuper des miens...!

Ti Jan   *(fèm, a vwa bas)* Wa aprann!... Nou kite
makèt pou yon semèn pou ou ak tout timoun yo, pa w yo
osibyenke pa nou yo. Yo se bon timoun. Yo konnen ki jan

pou yo konpòte yo sou lòd ou. ...Nou kite lajan pou kouvri depans w ap fè pou timoun nou yo lè ou sòti avèk yo...

Nikòl   *(mande debòde)* Ki sa? Mwenmenm!... Gade pitit pou ou? Je viens de New York pour des vacances ici et c'est comme ça que vous me traitez? Oo, Sandra, ou tande?

Sandra   *(pa janm tande yon bagay konsa!)* Mais c'est grave, ça... Ti Jan, est-ce qu'il y a moyen de renvoyer ton voyage... *(Ti Jan souke tèt li kòm repons)* Oo... Eh bien Nik, va parler à Tika, elle est très comprehensive, tu vois...

Ti Jan   *(fèm)* Mais non, c'est pas la peine, Tika a deja tout réglé, je pars avec elle en croisière, pa gen dat kap chanje la a... E pi, ki sa k anpeche w bebisit timoun nou yo pandan w ap bebisit pa w yo?

Nikòl   *(deside)* Ce n'est pas une question de ne pas vouloir, non, c'est que Sandra et moi on a des projets pour ce soir.... Tika, èske ou ka ranvwaye kwazyè ou a? M konnen ou ka fè sa pou bèlsè w...

Ti Jan   *(pa bay Tika chans reponn)* Nikòl, ou pa konprann? Ou pa konprann Tika gen pwogram pa li? Elle part en vacances, ma chère, elle va en croisière, ma chère, elle va compter sur toi, pour une fois, pour veiller sur ses enfants. C'est son tour...

Ti Jan fin pale, li vire do l, l antre. Tika pa menm di yon mo menm. Li suiv mari l pyepoupye. Yo antre nan chanm yo, y al relaks. Tout afè l te gen tan fin ranje. Li te mete dezabiye ak bebidòl Magarèt te mennen l al chwazi yo nan malèt li, li pa gen anyen ki manke... Tout afè Ti Jan yo fin ranje tou...

Gen lè tout kat fin jwe. Nikòl pa konn sa pou l di, sa pou l fè. Li fache, men, li pa jwenn sou ki moun pou l pase kòlè a. Li deside pran yon dènye chans, petèt Tika va gen pitye pou li... L al nan chanm nan dèyè Tika...

Nikòl   *(pran pòz viktim li)* ...Mais... Je suis venue pour des vacances, mes amis, ki *konfuzyon* sa a en? Tika, w ap fè sa pou mwen?

Ti Jan   *(sinik, tyak pase tyaka)* Non, li mande w anvan. Se ou kap fè *sa* pou li... Epi, pandan nou pa la a, kenbe kay la pwòp, pa kite pil asyèt yo ap trennen nan evye a... Pour une fois, al mete men w nan kuit manje, lave vyann ak pwason ak zoranj si, kreve pwa... Epi, fè sa byen, ou tande!

Sandra   *(vekse pou sa Ti Jan fè Nikòl la, men, li pa ofri ede Nikòl non plis)*
Ça alors, c'est le monde a l'envers!... Je m'en vais Nicole...

Nikòl   Non, ne t'en va pas, Sandra... Si personne ne peut garder les enfants pour moi ici, pourquoi devrais-je rester? Je n'ai qu'à aller chez toi...

Sandra   *(byen sezi)* Chez moi, ou ça?

Nikòl   *(sezi pou konpòtman Sandra a)* Comment ou ça? Si j'allais chez toi ce serait plus facile pour moi...

Sandra   *(li pap bebisit non plis)* Ah, ma chère, c'est
pas possible du tout du tout... Comme je te vois, tu n'es pas
libre pour le genre de programme don't on a parlé... Ça ne
marchera pas du tout, du tout...

    Se konsa telefòn nan sonnen, se Gaston ki anonse l ap
fè yon ti pase pa bò isit yon lòt moman. Ebyen bon, Nikòl
gen yon lòt chans ankò...

Nikòl   *(gen lespwa)* Eh bien, tout n'est pas perdu. Je
sais que Margaret acceptera de résoudre le problème... Epi
kokenn chenn frè m nan sa a m ba li a... (A la sanwont!)

    Silans... Tout moun kalme. Sandra rete ap tann, kle l
nan men l. Nikòl retounen janti, Ti Jan tounen vin chita nan
salon an, li ret kèpòpòz, Tika li menm, tankou yon inosan, se
pa fòt li si li pral anvakans, se pa fòt li si Nikòl vin yon
move lè. Sa Ti Jan di se sa... Li byen regrèt sa pou Nikòl...

                        * * *

    Se konsa Ti Jan ak Tika ap prepare premye vwayaj
yo depi ventan y ap travay isit Ozetazini. Yo prale nan
kwazyè. Pandan senk jou, se moun ki pral okipe yo, pote
manje nan kabann pou yo, ofri yo tout sa yo vle... Se yon
kwazyè kote depi anvan ou ale, ou di ki sa ou vle manje, ki
lwazi ou renmen.... Tout sa ki enposib vin posib nan kwazyè
sa a ... Se yon esperyans ki sanble l ap pi bon pase pwomès
ale nan syèl apre lanmò...

    Lavi a se te toujou yon afè de travay di pou
mesyedam yo. Kounye a kolèj Stiv asire, Lòt timoun yo san

444444444444

pwoblèm, yo piti toujou... Mesyedam yo ka al pran yon ti detant...

Lavi Ti Jan ak Tika se tankou lavi laplipa de moun kap viv isit... Pran plezi, fè depans bèbèl pa egziste, se yon lavi de lite toutan toutan... Men Ti Jan te twouve nesesè, puiske kounye a yo gen gwo 15 mil dola kash ki vin ajoute sou ti ekonomi yo, pou yo pran yon de twa jou vakans, pou y al relaks kò yo tou....

Ala de lavi...!

CHAPIT 12

Anyen Pa Enposib

Magarèt ak Gaston derape kite lakay yo pou yo vin bay Tika ak Ti Jan nouvèl sou desizyon yo fèk pran pou yo marye a. Pandanstan an, lakay Ti Jan, manzè Nikòl mare ak timoun li yo depi li aprann ke Ti Jan ak Tika pral anvakans. Kote bagay la veksan sèke Tika konnen li pral anvakans, li te dwe avize Nikòl konsa manmzèl ta vin ak tout bòn li. Bagay la vin pi konplike ak Sandra ki la a tou, kay Ti Jan an, li vin chèche Nikòl, kle l nan men l, lap tann. Yon sèl posibilite ki genyen, Nikòl ap tann Magarèt ak Gaston pou l lage timoun yo nan men yo. Men sa Nikòl pa konnen pi gran pase l...

Kounye a, nou kay Ti Jan, *bèl* la fèk sonnen, se Gaston ak Magarèt ki parèt ansanm, yo tankou de moun ki sot gen nan lotri... Sa yo genyen yo kontan konsa a?...

Tika   Mezanmi, dat m pa wè moun sa yo, antre, antre mezanmi... Oo, ala bèl moun papa, ala fre nou fre, antre non, mezanmi, antre...

Ti Jan   *(akeyan)* O, Gas, sa k pase, frè m, m kontan
wè nou wi...

Gaston   Wè monchè, dat nou pa wè... Ou konnen, depi
Klintonn fin monte a, nèg te tèlman gen lespwa pou Ayiti...
han!... M dekouraje... Dapre balanse yaya sa m wè la a,
sanble Ayiti nan mera... Sa yon jan fè m dekouraje... Bon,
menm nan reyinyon m prèske pa ale ankò... Klinnton nan
gen lè sou blòf?

Ti Jan   *(filozòf)* Non monchè, ou se nèg ki fò nan fè
analiz lojik, se pou bay Klintonn tan pou li pase yon ti tablèt
lakòl bò bouch kongrè a... Dapre mwen, gen yon bagay serye
ki gen pou pase kanmenm... Sèke gen anpil presyon kap fèt
tou ak tout Ayisyen yo kenbe Gwanntanamo yo... Si se vre
moun yo gen Sida monchè...

Gaston   *(revòlte)* Sa k di yo gen Sida a? Tuip!
Politik la ki konsa...Epi, m konnen fòk gen yon desizyon ki
pran kanmenm, men, se konnen anfavè kilès l ap ye a...

Sandra la a toujou. Kle l lan men l, li vle fè mouvman ale.
Nikòl antre an aksyon...

Nikòl   Ki jan, Gaston, ou vin la a, ou konnen m fèk
vini, epi se politik ou vin ap pale la a... *kòm onn,* vin mache
sou mwen pou salye m non..., *Kòm onn, menn...*

Gaston   *(fè espre)* Oo, apa w la vre, m te gen tan bliye
w, wi... Oo, apa timoun yo la a tou, ooo, apa madam Sandra
la a tou, se toulede *premyèr dam* yo ki rankontre... Se
Antwanèt ki manke...

Nikòl   *(ak yon ti vwa dous)* Gaston, m bezwen w
wi...

Gaston   *(foure men nan pòch li)* Si se pou kòb taksi a,
men...

Nikòl   *(lonje men l)* Mèsi. Men ou pat bezwen
deranje w pou si pe... *(mantèz)* Men, m gen bagay serye pou
m pale avè w ak tout Magarèt...

Gaston   Mwen tou m gen bagay serye pou m pale avè
nou...

Ti Jan   Oo, ebyen jodi a plen nouvèl... mwen ak Tika
nou gen yon nouvèl tou...

Sandra   *(renmen zen)* Bon, moi je veux entendre celle
de Margaret et Gaston d'abord...

Magarèt   *(kè kontan)* Nouvèl mwen an ap pi bon si se
Gaston ki bay li...

*   *   *

Pandan mesyedam sa yo ap deside kilès kap bay nouvèl ki pi
bon an epi kilès kap kòmanse, Edit ak Jera nan lari Miyami,
y ap dekouvri reyalite pèp la. Yo toujou gen sa pou abitid
pou yo al fè yon mach apye. Lè yo mache ansanm,
mennanlamen, sa fè yo santi yo ini. Sa ba yo kouraj.
Pandanstan an, twa timoun yo ap mache ansanm tou, yo
devan, tankou twa ti enseparab. Pi bon moman yo pase, se lè
yo ansanm, yo sot travay, timoun yo fin fè devwa yo, epi yo
al mache ansanm.. Jis mache... Al pran bon jan van epi

panse, fè pwojè, reve pou yon demen miyò... Yo pa vle bliye pou ki sa yo rive isit, ni nan kondisyon yo rive a... Epi, lè yo ansanm, youn konsole lòt... Lapenn nan la toujou, mezanmi, epi li di... Kouman ou ta ka bliye ou pèdi twa timoun...

* * *

Depi Edit kòmanse travay nan krevèt la, se tankou yon nouvo chapit lavi li ki kòmanse. Se tout moun ki gen admirasyon pou li, pou senplisite li, pou konesans li, pou sajès li epi pou jan li bay tout kè l pou l ede kominote ayisyen nan Florida a.

Edit ede moun fil papye pou rezidans, li mennen moun al chache travay, li bay timoun ki anreta lekòl leson patikilye san peye, li al tradi pou moun nan *kòt*. Oo, gade yon dam ki poko menm gen yon bon simwa nan peyi a... Nan travay li menm, tout moun se sè Edit bò isit, sè Edit bò la... manedjè a gen tan mete l asistan manedjè tèlman li wè jan l fè travay li an pwofesyonèl.

Pou ayisyen ki nan travay la, yo di se gras a sè Edit ki fè sitiyasyon nan travay la vin miyò: Anplwaye yo gen tan gen ogmantasyon, yo vin gen asirans maladi ak lanmò, yo vin ba yo de jou òf olye de yon sèl. Oo, ala bagay se lè yon moun eklere: Ou konn dwa w epi, ou ka reklame l tou... menm si ou pa ka pale Angle a klè nèt. Se wè pou w ta wè Edit ak moun yo. Lotrejou, ban m di w sa m tande nan travay la:

Edit   Kamita, dat mwen pa wè w, pou ki ou pat vin travay?...

Kamita   Ebyen sè Edit, sa pat bon, non, msye m nan,
ou konnen, tanzantan l ale li kite m nan kay la ak toulesèt
timoun yo, l al jwenn yon lòt ti gengèt nan kafou a. Depi
senk an, se konsa, se yon tray m ap pase avè l, ale vini,
fache, rebyen. Li pa janm ka chwazi, epi kounye a li tounen
ap vin kriye nan pye m paske li pat konnen fi a te gen sida...
Bagay sa a fè m manke fou, sè Edit! Mwen oblije pran detwa
jou òf pou m ta l ranje afè lwa yo, ou konnen m gen tout
timoun sa yo...

Edit   *(byen serye)* Sè Kamita, koze sida pa koze
lwa, non, se koze maladi doktè. Sse koze mikwòb ki antre
san padon sou moun, wi. Se pa lemoman pou w al jete lajan
w, non... Premye sa pou w fè, se ale teste oumenm.. Si
rezilta a negatif, degaje w kochte baryè lanmou an osinon
mete chosèt, ou konprann? Achte kapòt pou msye mete lè n
ap fè sèks...

Kamita   *(mete men sou bouch, li sezi pou gwo mo Edit
              di a)*
Ou krè l ap vle, Sè Edit...?

Edit   *(fèm)* Machè, tande m byen. Èske ou vle
tande laverite? Éske ou vle gade lavi a nan de grenn je, dwat
anfas?

Kamita   *(enkyete)* Ebyen sè Edit m bezwen konsèy
ou, wi...

Edit   *(tankou yon manman)* Dabò, ou anreta. Depi
w te wè msye pat ka deside si l ap avèk ou osnon si l ap ak
lòt dam lan, se pou w te deside oumenm. Si ou vle, ou
andwa deside rete avèk l pandan li ak lòt fi a, se biznis pa w,

men, fòk se desizyon pèsonèl ou. Ou pa ka rete tankou yon gaga pase ou pa konn sa pou w fè... Si ou pa vle viv atwa, ou pa oblije viv atwa... Depi msye gen yon lòt moun pandan l avèk w, ou dwe mande tèt ou pouki, ou dwe mande tèt ou sa kap pase nan lavi prive ou la a. Ou te dwe diskite de sa avè l. Mwen pa voye ou al joure l. Joure pa mennen ankenn kote...

Kamita   *(tankou yon viktim)* Oo, msye te konn ban m kou, wi, lè m mande l kote l sòti pou l ap antre a twazè dimaten an...

Edit   *(vekse)* Ki fè ou pran kou tou? Hèm! Bon, tande. Al teste pou sida oumenm, epi, al reflechi. N a pale apre...

Kamita   *(dezanpare)* Sè Edit, ede m wete tèt mwen nan mouche sa a, non...

Edit   Si ou vle sòti anba l, se pou sòti. Antouka, al teste, epi n a pale...

        Gendefwa, lè yo bay manman timoun yo randevou nan lekòl yo, Edit konn ale avè yo. Lotrejou, yo voye chache fanmi Kalo paske lekòl la voye komisyon pa ekri an twa fwa bay fanmi l, manman an gade lèt la pwofesè a voye a, men, li pa konprann li. Li sere tout lèt yo pou lè papa pitit li a pase pou l ka li yo pou li. Papa pitit la pa pase, men, pandanstan an, lèt yo te ijan. Lè Edit resi li lèt yo pou manman Kalo, li kouri rele lekòl la byen vit pase twazyèm lèt la se HRS yo te anonse ki t ap vin pran Kalo, wete l nan men manman l... paske sa se yon ka *"chal abyz"* Ki sa, hehey! Edit rive lekòl la.... Ann tande konvèsasyon l ak pwofesè a:

Pwofesè   *(byen serye)* I am glad you came because this
lady has been very uncompliant. She never showed any
interest to contact us despite of our repeated
communications. Here is a list of our concerns for Carlo:
Carlo wears the same shirt from Monday to Wednesday: He
doesn't smell clean by Tuesday... He brings one breast of
Kentucky Fried Chicken with a soda for lunch every day:
this is not the way to feed a little kid.... He never brings the
material requested for his craft class and this is part of the
curriculum.... He doesn't go to the library on weekend as all
the other children do; his assignments are never
completed.....

Edit   *(fin tande pwofesè a epi li fè yon soupi)* First
of all, madam, did you ever meet Carlo's mother?

Pwofesè   *(ak enpasyans)* No. Why? If I don't
understand her language... anyway... How can I
communicate with her?

Edit   *(byen janti)* Exactly. She doesn't understand
your language either. So the first problem is communication.
Don't accuse her... You don't understand her... She doesn't
understand you...

Manman Kalo Sè Edit, sa wap di la a ak pwofesè a?

Edit   *(reponn manman an)* Tann yon ti moman...
(kontinye ak pwofesè a) Professor, you have 500 Haitian
children in your school, you should have in your staff at least
one person who speaks Creole. You should get at least one
seminar on Haitian culture for your staff... Don't you think

so? I have a suggestion for your principal. Who is your principal?

Se konsa Edit pran men Kalo ak tout manman Kalo, li ale nan direksyon lekòl la. L al esplike direktè lekòl la si gen 500 Ayisyen nan lekòl la, yo pa zonbi, yo se moun, se pou gen moun ki konn pale Kreyòl ki ka pale ak paran yo. Se pou pwofesè Meriken yo al aprann de mo Kreyòl, al aprann kilti Ayisyen yo pou yo ka konn ki jan pou yo fè travay yo pi byen. Li esplike prensipal la ke manman Kalo pat janm konprann sa ki te ekri nan lèt yo.

Se lè Edit tradi lèt yo pou manman Kalo pou ou ta wè... Madanm nan fè sezisman.

Pran Kalo nan menm l menm!

Manman Kalo   *(zye l wouj tèlman li nève)* Sè Edit, di pwofesè a pou mwen, li menm kap gade m ak vye je ble san kè a, si l ta retire Kalo nan menm, se mawoule k ta va ap pase avè l sot Jeremi gwo nannuit. Li ta gen tan konnen si bèf grimèl konn pouse kòn nwa...

Pwofesè   *(byen enterese konprann ki sa manman Kalo ap di ak apeti konsa a)* What does she say?

Edit   *(pa vle tradi)* Well, you really need a translator, ma'am...

Antouka, Edit regle koze a, lekòl la pa fè HRS pran Kalo ankò. Sè Edit regle tout bagay. Nan lekòl la se depi lè sa a yo te angaje yon pwofesè ayisyen. Manman Kalo limenm, vin aprann fè efò: li konnen pou l fè Kalo chanje

rad chak joumenm si rad la pa parèt sal, menm si li pa gen
odè. Li te fè Kalo pote ti manje ki pi delika lekòl la...
Tankou sandwich, ji ak yon pòm konsa...

Manman Kalo   *(ak degoutans)* Atò sa k gen nan sa si
yon timoun mete yon chemiz twa fwa. Kalo se yon ti gason
ki pwòp, rad li pa santi move, sè Edit, se rasis ki nan kò
pwofesè a, wi...

Edit   *(ap fè lapadèchoz)* Tande, se pa rasis
sa rele. Dabò, se yon bagay ki pa fasil pou yon moun pran
sant pwòp rad li. Lòt moun andwa pran sant la sou ou epi
oumenm, ou pa pran l osinon si ou prann l, ou renmen l, se
sant ou, ou konprann se yon bon ti odè... Anreyalite, yon
moun pat dwe gen odè fò ditou. Anplisdesa, machin isit pa
fwote jan ponyèt moun yo fwote rad Anayiti. Anayiti, rad la
konn sitan sal, se blayi yo konn blayi l jouskaske li reprann
koulè. Isit, avèk machinalave sa yo, ou pa dwe sal rad la
twòp paske machin nan lave delika. Kidonk, fòk rad la pa
sire... Konsa rad ou toujou rete pwòp...

Manman Kalo   Bon, sè Edit, sa pou m fè si yo pa vle
m bay timoun nan pote ti Kenntèki a pou manje midi l?

Edit   Pwoblèm ki gen ak Kenntèki a,
madanm, w ap konprann li byen fasil. Dabò, ou oblije al
achte l depi lavèy oswa. Ansuit, ou mete l nan yon
bwatalench pou Kalo depi m maten men Kalo li menm se
jous a midi, plis ke 12 èd tan apre ou te achte l la, li pral resi
manje l, san li pat nan frijidè, san li pa chofe l anvan l manje
l. Moso poul sa a gen tan anzingdekontraryete tèlman
mikwòb ap miyonnen ladan l epitou, li ka lakoz timoun nan
gen yon sèl dezagreman endijesyon si se pa

vantmennen...Epi, se anpil grès pou ti lestomak timoun nan...
Ou konprann?

* * *

Pandan Edit ap ede tout moun li kapab nan Miyami a,
Ann retounen lakay Tika pou nou tande bèl koze:

Nikòl   Ki sa Gaston gen pou l di, dapre sa m konnen,
Magarèt ki pou mete l atè!...

Magarèt   What are you talking about, Nicole? Gaston,
ki sa Nikòl ap di la a? Nikòl se bon nouvèl nou gen pou ou
tande... tann non... Wait...

Gaston   *(solanèl)* Tande non, m gen pou m anonse nou
mwen ak Magarèt deside marye sou pe...

Sandra   *(apiye nan mi an, vètij pran l)* O non, ce
n'est pas vrai!

Nikòl   *(fè yon òkèt sezisman, li toudi la menm)*
Hik!.. Pardon? Mais, c'est toute une surprise! Qui l'aurait
dit... *(li reprann sans li)* Et bien ma chère belle soeur, m
bezwen pou w bebisit ti neve w ak ti nyès ou yo pou mwen.
Se premye batèm ofisyèl ou nan lafami Bonplezi. Nou pa
bay non an gratis konsa a, non...

Gaston   *(ap met medam yo nan wòl yo)* Wèl, Nikòl, se
afè maryaj kap pale la a. Pran yon ti tan pou w di nou
felisitasyon. Pataje evenman an avè nou...

Nikòl   *(pès la, li pa gen anyen de bon pou li di)*
Men, Magarèt, dat w ap viv ak Gaston, pa gen evenman la
a!...

Sandra   *(pa janm pèdi opòtinite pou li rabese Gaston)*
Surtout un mariage avec Gaston... En tous les cas, Margaret,
m a mennen w al chwazi rad nòs la, m a montre w ki kote ou
ka kontakte manedjè gran sal resepsyon dyak sou dyak,
tande... Il faudra organiser ça avec gout et delicatesse.... Je te
dirai comment faire... Tu sais que les collègues de Paul vont
venir au mariage, ils doivent voir que nous, Haitiens, nou pa
nan rans lè n ap fè fèt, se pou tout la grann sosyete pale de
nou... Fòk yo pa konprann tout Ayisyen sot nan bato...

Gaston   *(woy, Sandra manyen venn sansib Gaston, li*
                  chire!)
Otan! Otan! Otan! Ou pat vin nan bato, Sandra. Mwen pat
vin nan bato non plis, men, gen nan Bonplezi yo ki vin nan
bato. Gen nan Bonplezi yo ki koule nan bato. Gen san
Ayisyen parèy ou ak parèy mwen ki koule nan lanmè. Gen
san Bonplezi yo ki detenn lanmè a, gen vyann ak zo fanmi an
reken dwe manje, tande. Pa vin betize la a, Sandra... Epi...
tuip!...gen san Maneli tou ki koule nan lanmè... Han!

Sandra   *(vekse pase sa m pa konnen)* Quoi? Le sang
des Maneli? Ou gen lè fou... Il n' y a aucun Maneli a
prendre le *canter,* tu entends...! Tu sais très bien que notre
famille...

Gaston   *(ap menase Sandra ak dwèt lendèks li byen*
                  doubout)
... Sandra, mwen gen yon leson Istwa Dayiti pou m ba ou,
tande...Mwen dwe w sa! Antouka...

Nikòl   *(vle stope antouzyas Gaston an)*   ...Men
Gaston, se pa yon bèl bagay pou w ap repete byen fò... Sa
moun bezwen konnen bagay konsa, les linges sales se lavent
en famille...

Gaston   *(an kòlè)* Et les langues sales?... Tande m
byen. Tout Ayisyen, tout, nou tout, alawonn, mwen di sa a
deja, tonnè kraz...

Tika   *(woy! moun pa fè sèman lakay Tika, li kouri
                         entewonp byen fò, li leve men dwat li nan syèl
                         la, men gòch la sou kèk l)*
.... Sen Jid ak tout Senchal Bowome, mete lapè.... Mezanmi
kalme nou... Kalme nou... Vin n al manje ... Men yon ti ji
papay ole toujou...

Ti Jan   A, Tika resi pè vre, wi, pou w wè li oblije rele
yon lòt sen pou vin bay Sen Jid konkou... Aaaa!... Ou gen lè
kòmanse pèdi Sen Jid konfyans.... Hmmmm! Depi afè...

Tika   *(li entewonp Ti Jan men, ak dousè)* Ti Jan
rete, tande, m pa renmen sa, non!... Bon, m te gen yon
boutèy diven la a, na p louvri l, sa ou di, Ti Jan, pou nou fete
nouvèl Gaston ak Magarèt la... Dat mwen lapriyè pou bagay
sa a rive...

Ti Jan   *(chanje sijè a)* Bon, noumenm, nouvèl pa nou
an sèke mwenmenm ak Tika nou pral pran yon kwazyè la a,
nou prale pran *Mayilòv* pou sèt jou... Evidamman nap tounen
atan pou maryaj la, Gaston. Nan yon semèn... Oumenm
Nikòl, kòm mwen di w deja, nou kite makèt ak ajandpòch
pou timoun yo. Kote w ap mennen pa w yo, w a mennen pa

nou yo tou. Ou gen kle kay la, nou konnen w ap byen
kontan pase sejou w bò isi a...

Sandra   *(se pa pwoblèm pa l)* E byen Nikòl, dans ces
conditions, ou pa nan pwogram, non. Comment vas-tu faire,
si tu dois prendre soin des enfants? Oo, et le bal de demain
soir?

Tika   *(inosan)* Noumenm, se demen maten, wi, n
ap pati, o non de Sen Jid...Bon, nou bliye mande Nikòl ki
nouvèl sa li gen pou nou an?

Nikòl   *(kontrarye)* M pa gen ankenn nouvèl...
Pwogram mwen gate... Amwenske Magarèt...

Gaston   *(fache)* Gade, Nikòl, pa mande Magarèt
anyen li pa gen dwa mande w... ou tande?

Nikòl   *(pa gen chwa)* Sandra, que dis tu si
j'enmenage chez toi? Je ne veux pas rester ici.... Se pou Ti
Jan ak Tika degaje yo pou yo jwenn bòn pou timoun yo. Yo
pral nan kwazyè?! Hehey! ... Ou bien, je retourne à New
York!...

Sandra   *(san pwoblèm)*Eh bien, si tu retournes à New
York je rentre chez moi. *(li vire pale ak Magarèt)* Comme
nous disons, Margarèt, fè yo wè wi! ...Fè tout moun wè. Fè
tout moun pale de maryaj sa a jous tan yo pa konnen! Je
dois faire un video de ce mariage pour envoyer en Haiti... Tu
vois, nous devons être l'élite partout ou nous sommes...

*   *   *

Pandanstan an, ou konnen, kay Ti Jan se kay lafami, Pòl, ou sonje Pòl, mari Sandra a, sot nan lopital la, epi li pase vin pran yon ti kafe, se abitid Tika pou li kite kafe sou fou a toutlajounen. Depi l ap antre, li tande madanm li, Sandra, kap pale de lelit, li antre, ak tout san fwa l...

Pòl   *(pran sipriz)* Mesyedam, bonswa. O, apa Nikòl, sa w ap fè isit? Ki mirak?

Nikòl   *(podyab, mètdam lan resi pran nan pèlen)* Se ale m tou wi, paske pap gen moun ki pou bebisit pou mwen...

Pòl   *(tou bònman)* Kòman Sandra, ou pa ka òganize sa pou Nikòl? Ou ta ka fè *Misiz*...

Sandra   *(kontrarye ak entèvansyon Pòl la)* O non, pa kesyon, Pòl. Epi, sa w bezwen mele nan bagay sa a fè!

Nikòl   *(enterese)* Ki jan, ou gen yon moun ou ta ka rekòmande m pou bebisit timoun yo, Pòl ?

Sandra   *(ap demake Nikòl)* Aa, pa *okupe* Pòl tande, *dayèr*, ou pa pot kòb pou sa...Qui va faire les frais?

Nikòl   *(koupe Ti Jan koutje)* Moun ki lakòz depans la... Yo gen kòb pou y al an kwazyè... *(li chanje ton)* Voyons, Sandra, tu sais très bien que je peux me le payer. Appelle cette personne tout de suite, je l'engage. Mwen pa yon fanm ki *razèu* pou gwo kòb, mwenmenm...

Ti Jan   *(pwofite pou li di Nikòl sa l panse)* Men, ou razè pou peye taksi. Anfèt, se pa razè sa rele, sa gen non l wi...

Gaston   *(bay Nikòl yon kout je)* Aa, Ti Jan monchè, pa
eseye jwenn non pou moun sa yo. Gen yon seri de moun, se
yo sèlman ki konte. Men tou, yo antann yo antre yo toutotan
sa bèl. Kou youn gen pou depanse pou lòt, youn pa rekonèt
lòt: se pa chyen manje chyen ankò, non, se visye manje
vòlè...

Ti Jan   *(ak kè kontan)* Bon, mezanmi, Ann kite sa la.
Tout moun gen satisfaksyon, lavi a retounen bèl ankò. Nikòl
ap rete, Gaston ak Magarèt ap marye ... Epi mwen ak
madanm mwen nou pral nan yon dezyèm lindemyèl...

Nikòl   *(pa vle tande afè Ti Jan ak Tika pral nan
                kwazyè a)*
Men ki jan n ap fè ale, m te kwè mwen di nou mwen pap ret
veye timoun nou yo pou nou?

Tika   *(inosan)* Na degaje nou, epi si pou m rete m a
rete...

Magarèt   O non, Tika, ou mèt ale, m ap okipe timoun
yo... Se bon timoun yo ye, mwen renmen jwe avè yo...

Gaston   O wi, Tika, ou mèt ale, madanm mwen avè m
n ap okipe tout bagay...

Tika   Oo, ou gen tan ap rele l madanm ou? A la
moun yo prese papa...Antouka, tann bag la beni...

        Antretan, Nikòl ranmase tout afè l ak tout pitit li yo l
al kay Sandra. Pòl ede yo met bagay yo nan machin Sandra
a, enpe nan machin pa l la. Pòl ale pou kò l, de medam yo
monte ansanm nan machin Sandra a ak timoun Nikòl yo.

Kounye a Sandra konnen Nikòl ap peye, li mèt vini lakay li...
Yo retounen bon zanmi, y ap fè ti tripotay yo sou Tika...

Nikòl   *(ak iwoni)* Ki fè, lapèsòn pral nan *Mayilòv?*
Hahahahahaha!

Sandra   *(anvyèz)* Wi papa, ou wè lavi? Qui l'aurait
dit? C'est ma mère qui en sera morte d'indignation... Que
Sandra, sa fille n'ait pas été d'abord...

Nikòl   *(fè wont sèvi kòlè)* Aa, kite dam nan al souse
zo non... Hahahahaha! *(li chanje konvèsasyon an)* O,
Sandra, j'ai une idée, et si on allait à Mayilòv aussi?
Qu'importe, j'ai toutes mes cartes de crédit avec moi, je paie
pour toi...

Sandra   *(pès pase lasini)* Tu paies pour moi? Bon,
Ann al gate lindemyèl sa a, ç'en est trop! Hahahahah!

Nikòl   *(jalouzi ap pete nan po l)* C'en est trop...!
Hahahahahah!

Lè yo rive lakay Sandra, kou Pòl fin desann tout malèt yo,
premye bagay Sandra di l:

Sandra   Tu sais, Paul, on te laisse les enfants. Nicole
et moi avons décidé de partir pour une croisière...

Pòl   *(konprann manigans la)* Non Sandra, tu ne
partiras pas. Laisse Tika et Ti Jan en paix. Ou pap al
anmède moun yo. Ou gen madichon, machè! Al chache
aprann fè yon bagay ki pa destriktif... Espès danfan gate!

Sandra   *(ap fè kapris)* Oo, avec qui tu parles comme
ça? Tu vas voir, j'irai quand même.

Pòl   *(ak yon vwa fèm)* Sandra, tu restes et c'est un
ordre!

       Se konsa konvèsasyon an fini, se demen lè nou leve n
a konnen kouman sa ap pase. Yon sèl bagay, nou konnen,
fòk sa vin pi rèd paske, Antwanèt ki Wespalbich kounye a te
pale ak Sandra ak Nikòl. Se sa ki fè nou ka prevwa pral gen
yon zen dyak sou dyak ki pral dewoule, tande sa Antwanèt te
di yo nan telefòn:

Antwanèt   *(si de sa l ap di a)* Je *rentrrre* demain matin,
tout de suite *aprrrès* le montage, *darrrling*. Ne paniquez
pas, *darrrling*, je viens, je viens *mettrrre* de l'ordre dans les
choses. J'ai déjà *parrrlé* à Ti Jan, il ne *parrrtirrra* pas avant
de me *voirrr*. Bonne nuit *darrrling*, tout se *passerrra* pour le
mieux.

Oo, ki garanti ladobat sa a? Sa sa vle di? Ti Jan ap tann
Antwanèt anvan l pati? Pou ki sa? Piga medam yo vin gate
koze a, non!

CHAPIT 13

Mayilòv

Tika ak Ti Jan ale nan kwazyè Mayilòv la. Apre gwo sezisman Nikòl pran dèske Tika te gen pwojè pa l, gras a Sandra, li te finalman jwenn yon fason pou l te ka rete epi se lakay Sandra li al ateri finalman.

Antretan, Magarèt ak Gaston al nan kouri moute adwat agòch fè preparatif paske se demen nòs la, an strik entimite, kay Tika, le landemen jou Ti Jan ak Tika ap tounen sot nan kwazyè a. Kifè, Tika ak Ti Jan ap gen tan rantre sot nan kwazyè a... Edit ak Jera yo menm, kontinye ap okipe afè yo, men, de tanzantan, yo bay koutmen tou...

Pandanstan an, Tika ak Ti Jan ap pase pi bèl moman yo te ka imajine. Moman sa a te si tan memorab, fòk ou chita pou tande sak pase a. Yèswa te gen bal sou bato a. Ou konnen Mayilòv se gwo kokenn chenn konpayi bato ki fè pi bèl kwazyè ou ka imajine... Gen konbyen mil anmore ki vin pran plezi yo nan kwazyè sa a. Ou krè pa demilsenksan... Kòm se dènye swa, Ti Jan konvenk Tika pou l desann nan sal kote bal la ap fèt la...

Ti Jan   *(ak lajwa deviv li)* Aa, Tika, aswè a se dènye swa a, fòk n al fè yon ti danse, wi...

Tika   *(timid)* O, Ti Jan, mwen pa santi m alèz pou m al danse nan pami tout moun sa yo, yon pakèt moun la a, mwen pa menm wè ankenn lòt nwa menm...

Ti Jan   *(deside)* Se pa sa k enterese m. Nou peye pou nou vin la a, tankou tout moun. Aswè a se bal final la... Tande non cheri, ou pa konnen se premye fwa n ap pran yon vakans, Ann jwi l non, bliye tout moun, non...Ou se, Tika, *larènn de mon kèr...* fi ki pi bèl sou la tè, ti pitit m fè vin tounen yon dam nan.... *Madam, fèt mwa lonèur...*

Tika   *(an dezide)* Mezanmi Ti Jan, w ap fè m jennen, wi... Bon, ki rad pou m al mete la a... Mwen fin mete tout sa m te pote yo ...

Ti Jan   *(an jantiyòm)* Ne vous en faites pas, madame, fermez les yeux... et... surprise!...Voila...!

Tika   *(zye l klere tankou de zetwal filant)* O, Ti Jan, kote w jwenn bèl rad sa a?

Ti Jan   *(fyè)* Mwen sot achte l pou ou nan boutik ki nan bato a.... *et ceci avec une fleur, madame...*

Tika   *(ak emosyon)* O, Jan, O, Jan, di m se pa vre, di m se pa mwen... Di m se pa mwen ki la a, ki sou bato a, ki pral mete bèl rad sa a... Di m se pa mwen kap tande w ap pale avè m ak tout delikatès sa a... Di m se pa vre,... non, se pa Tika...

Ti Jan   *(ak kontantman epi asirans)* Wi, se Tika.
Tika, se pa manti, se pa rèv, se yon reyalite. Se yon reyalite
kote pa gen fwontyè ant oumenm ak oumenm, ant tipitit ki te
rele Tika a, jèn ti madanm ki vin bay tout kouray li nan peyi
blan an ak bèl prensès ki devan m nan la a...bèl kreyòl bouch
kayimit jansiv vyolèt ki ak tout sik li sou li a...

Ti Jan fèmen de zye l, tèlman li womantik...

Tika   *(pèdi tèt li)* O Bondye, kote pitit mwen yo ta
sòti? Mwen santi mwen twò kontan, mwen santi fòk yo ta
la... Mezanmi, kote Stiv, kote tout lòt pitit mwen yo, kote
nou, pou nou gade manman nou kap flote tankou yon kap
nan syèl lajwa...

Ti Jan   *(ak wozèt li nan kou l, bwa franse l nan*
              gagann li)
Tu es heureuse, femme, et tu me rends heureux....

Tika   *(dekouvri yon lòt Ti Jan)* Apa lè w damou se
Franse w pale?

Ti Jan   *(tankou yon moun kap reve)* Mwen pa rann
mwen kont m ap pale Franse, Tika... Vòdka a gen lè monte
mwen... Mwen santi nou ere ansanm... Se yon bagay ki ra
denojou pou w wè moun ki gen plis ke kenzan maryaj damou
toujou... Mwen reyalize tou ke mwen toujou renmen w....
Mwen te toujou damou w... Menm si lavi isit pat janm ban m
tan pou m di w sa... ni pou m te mennen w nan yon kwazyè
konsa...Mwen renmen w Tika, ou se yon trezò ki ra...

Tika   *(kòmanse alèz nan romans lan)* E mwen atò,
Ti Jan, m ap gade w la a, m santi mwen pi damou w pi rèd.

Mwen renmen ti cheve blan kap pouse devan tèt ou yo ak
nan pafouten ou an. Mwen renmen ti liy sa ki pase anba je w
yo... Se liy listwa...

Oo, Tika te bwè vòdka tou?

Ti Jan   *(ap gade kote l gad)* Ki jan, ou pa santi m ap
granmoun?

Tika   *(ak lanmou inosan li)* Granmoun menm, si se
sa k granmoun nan, vin pi granmoun toujou, *I love you,
honey....*

Mesyedam yo desann nan bal la, Tika abiye ak rad Ti
Jan achte a. Li seksi yon seksi, se pa ti kras, li rete tou senp
men li pa jennen, li santi l se yon bèl fanm, mari l renmen l.
Li santi li se yon fanm akonpli, pitit li pral Avad, li vin nan
kwazyè...Li santi lavi a pat di pou gremesi...

Mizik la tap jwe dous, ou konnen, se bagay meriken,
tout medam yo yon Ti Jan apiye sou zèpòl msye yo. Bato a
ap flote, mizik la pwopaje tankou yon pafen ilanilan kap
pafimen sal la, se odè lanmou, se pafen lajwa, Tika gen ti tèt
li sou zèpòl Ti Jan.

Toudenkou, estil mizik la vin chanje, yo mete yon
kalipso. Tika gade alantou l, li wè moun yo kòmanse ap
danse pi cho... epi yo vin mete yon mizik ki sot Matinik,
Aa... Matinik! Se tou pre Ayiti sa. Tika santi mizik la antre
nan san l, li lage men Ti Jan, li pran danse. Ti Jan li menm,
rale pa mete atè, se pa de estil, se pa de elegans... Epi, yo vin
met yon mizik Ayisyen... Oo, mizik Ayisyen menm?... Bon,
Tika pèdi tèt li nèt atò. L ap viv...

Se konsa de moun ka danse byen lè yo kontan. Se konsa yon fi ka bèl lè li santi msye l renmen l.... Se konsa yon nonm ka santi l akonpli lè madan m li renmen l ... O, ala bagay, se lanmou...!

Kote Sandra, Nikòl elatriye ta sòti?

Tika   *(santi l nan paradi)* Wou, Ti Jan, mizik la bon, papa...!

Ti Jan   *(ranje vès li epi l ap rale pa)* Ololoy, dat mwen pa rale pa sa yo...

Tika   *(alèz)* Oo, mwen konprann mizik la fini, li gen lè fèk kare...

Ti Jan   *(filozofik)* Se konsa, wi, se konsa lavi a ye...

Se konsa lavi a ye...

Se konsa, mesyedam yo tèlman ap danse, yo pa rann yo kont konbyen moun ki tap gade yo. Tout moun sou deran, ap gade koup nwa sa a. Gen moun ki sispann danse y ap gade yo. Ala moun yo konn danse papa...Wow!...

Magnificent!.... Outstanding!.... What a charm!... Aren't they elegant?...

Mizik la resi fini... Epi, epi, menm mil moun aplodi Ti Jan ak Tika Bonplezi ak admirasyon, anvi epi amitye.... Gen moun ki vin ba yo lanmen... Tout moun sa yo se enkoni yo ye, mesyedam yo pa rekonèt yo menm...

Enkoni 1   What a nice couple you are. Where are you
from?....

Enkoni 2   You dance graciously, where are you from...?

Ti Jan   We're Haitians....

Enkoni 3   Really? I can't believe it...

Tika   *(ak fyète)* Yes, we are from Haiti....

Enkoni 4   Do you miss Haiti? It's awfully rough down
there, I heard...

Ti Jan   *(alèz pou reponn kesyon yo)* Well, is also a
wonderful place, a wonderful place with wonderful people...
besides our problems...

Enkoni 5   Tell us about vodoo, the tonton macoutes...

Tika   *(pa sou sa jodi a)* Not tonight... Another
time... Here is our number... We will be delighted to tell you
about Haiti another day. Our country is a poor but wonderful
country. The people are very warm and kind, our culture is
rich, our music passionate, our painting is so vivid, but, let's
talk about that another day...

Enkoni 6   Congratulations, you dance marvelously...!

Ti Jan   *(kontan, ere)* Thank you, thank you...!

        Pandan Tika ak Ti Jan ap pale ak tout moun sa yo, se
konsa, yo anonse yon pri pou koup ki te danse dènye mizik

la ak tout elegans sa a. Tika ak Ti Jan genyen pri a. Yo te
kanpe, yo te mache travèse pis la pou yo t al pran pri a.... Se
yon tikè pou y al vizite Ewòp... Ewòp? *Kibò Ewòp sa a ye,
Ti Jan?*

Apre Ti Jan fin remèsye moun yo pou pri sa yo
genyen an, nan pale pale pale, li rive rakonte moun yo ke
premye pitit gason l nan, Stiv, pral Avad, nan premèd...

* * *

Pandan dènye moman kwazyè a ap dewoule, Magarèt
ak Gaston menm, nan Miyami, te fin rele tout moun yo gen
pou yo rele pou vin nan maryaj la. Se pa yon gwo maryaj, se
yon reyinyon familyal li ye. Pandanstan an, Sandra ak Nikòl
ap pase maryaj la nan betiz paske, yo pa wè anyen la a,
konpare ak maryaj pa yo....

Sandra   *(mechan)* Quel drole de gout! Se marier en
stricte intimité? on dirait qu'ils cachent quelque chose.... Ne
penses tu pas...?

Nikòl   *(ap kritike)* Ou konnen, Gaston kras, li pa vle
depanse pou fi a...

Sandra   *(ak yon fyète kap moute nan nen pwenti li a)*
Ma chère, te souviens-tu de mon mariage? Ça c'était un
mariage!... Toute la place de Petion Ville était comble. Des
gens élégamment habillés, style dernier cri.... Et dis donc,
n'etait-ce pas une première que de laisser la limousine et de
traverser la place à pieds... Marcher dans les rues, laissant au
curieux le plaisir d'estimer la longueur de la traine? Quant a
ça!

Nikòl   *(ap achte figi Sandra)* Non, c'était un beau
mariage... avec beaucoup de style... Mais tu sais, maman
n'était pas vraiment heureuse ce jour la, ou konnen
granmoun, talon kikit la te twòp pou li...

Sandra   *(ou krè se frekan!)* Ma chère, lasosyete se
lasosyete!... il n'était pas question que Marie Lucie porte un
quart de talon à un événement comme ça...C'est le prix à
payer quand on rentre dans une grande famille... Je ne
saurais laisser tout Petion Ville me critiquer pour avoir choisi
n'importe qui...

Nikòl   *(reyalize Sandra ap imilye l ak tout fanmi l)*
Ah, ma chère, fais attention, nous ne sommes pas n'importe
qui... D'ailleurs, Paul étais déjà médecin quand vous vous
êtes mariés...!...

Sandra   *(ap raple Nikòl ki jan de moun li ye)* Tu ne
comprends pas, tu vois... moi, je te comprends, mais, pour
mes parents, tu vois, le choix de Paul était un os de poisson
difficile à avaler. J'ai du enrober la chose de sucre... pour leur
faire accepter Paul...

Mezanmi!

Nikòl   *(retounen l frekansite a lamenm ak*
                mechanste)
Je crois que Paul a fait la même chose. Mwen pap janm
bliye ki jan li priye papa m pou l al mande lamen w... Papa a
toujours trouvé que Paul aurait du marier une femme
préparée... qui a un métier, tu vois... une professionnelle...

Sa se yon kalòt pash!

Sandra   *(pa janm aksepte batba)* Aa, petit parvenu
qu'il est, ton père! Alors, quel est le métier de ta maman?...

Nikòl   *(pa manyen fyète Bonplezi yo)* Oo, Mais tu
plaisantes, Sandra. C'est maman qui a ouvert l'école
ménagère la plus populaire du pays... Ma mère a toujours été
une femme qui possède ses dix doigts... C'est pas le genre de
personne à s'asseoir toute la journée dans un magasin de
tissus en ville, tu sais...

Dezyèm kalòt, pash!

Bon, medam sa yo se lang ak dan, pa okipe yo, non!..

        Pandan medam yo ap manje youn ak lòt nan yon afè
de kilès ki gran nèg pase lòt, kilès ki lelit, kilès ki arivis,
telefòn nan sonnen, pèson pa pran l, Pòl oblije leve l al pran
l... se Antwanèt...

Antwanèt   Hi *darrrling*, how are you...

Pòl   Oo, depi m tande *darrrling*, mwen wè ki
moun sa a, se aktris la?

Antwanèt   Oh yes. Je suis à *Sarrrasota* pour une
rreprrésentation culturrrelle, quelle nouvelle? Que se passe
t-il *d'interrressant* dans la famille...?

Pòl   Ebyen, gen Gaston kap marye demen ak
Magarèt, gen Tika ak Ti Jan kap antre aswè a sot nan kwazyè
a... gen Iv ak Ana Maria kap antre vin nan maryaj la. Se yon
reyinyon familyal kap genyen an... W ap vini?

Antwanèt   Well, depends, you know....I am invited but...
Will Gerard and Edit be *therre*?

Pòl   Of course, Se Edit ki marenn. Epitou, fòk
mwen di w, Edit gen tan ap travay kounye a... Jera tou... nou
gen yon sipriz pou yo...Nou fè regle papye rezidans yo...

Antwanèt   *Darrrling*, je ne viens plus. Pa *rraple* m
bagay sa a, de moun kap *prrran kanntèrr*, vwayaje san
rrrezidans ... qu'est-ce-que ça veut *dirrre*..!. C'est une honte
nationale...

Pòl   *(menm jan ak Gaston, li pa ka sipòte
                frekansite Antwanèt la)*
Sa vle di, se sitiyasyon anpil nan Ayisyen ki isit yo. Ki jan,
ou pa ka sèvi ak sèvo w pou ou konprann sa?

Antwanèt   Pa pou jan de bagay sa yo, passe moi
Sandrrra...

Pòl rele Sandra. Ti kòmè sa yo rele Antwanèt la toujou
enève l... Ala yon sè papa, Bondye ba li a...Se menm moun
ak Sandra... ak Nikòl la tou... Epi, yo pa fouti antann yo pou
lontan, tèlman yo anmèdan...

Pòl   *(ak degou)* Sandra, telefòn...

Sandra   C'est qui...?

Pòl   Ta commère Antoinette...

Sandra   Alo, Anni, where are you?

Antwanèt   *Darrrling*, je suis tout *prrrès, rrright* here in
Sarrrasota... pour une *premièrrre,* tu vois... Dis moi qu'il y a
quelque chose qui vaille la peine et je *rentrrre* tout de suite a
Miami...!

Sandra   Ma chère, rien ne se passe. Le calme plat.
Tous les programmes sont rases...

Antwanèt   What about that wedding? Ki afè Edit
marenn sa a? Quel manque de gout!... Gaston aurait du
donner du temps à Edit de degrossir un peu... Yon moun ki
sot pran kanntè...

Sandra   Eh bien tu vois, la surprise c'est qu'elle n'est
pas mal du tout... Tu sais qu'elle était professeur en Haiti,
elle me parait tout à fait rafinée tu vois... *Rayi chyen di dan l
blan*... Mais comme ce sera en stricte intimite, seulement la
famille, et même alors, c'est la famille proche seulement...

Antwanèt   Oo, ça ne vaut pas la peine alors, *pourrrquoi*
faire ce voyage pour rien.... Gaston *m'aurrrait* dit ça, si c'est
pour de *l'arrrgent*, j'aurais fait les dépenses...

Sandra   Sa w di, nou ta kraze yon fèt nan Miyami an
la a, pou fè konnen ki kalite Ayisyen nou ye... Bagay pou n
ta fè je panyòl yo senyen... Tu sais, des opportunités comme
ça, il ne faut pas les rater...Mais ils font ça chez Tika...

Antwanèt   Hen?... C'est tout *dirrre*...En tous les cas, je ne
viens pas. Il n'y pas assez de monde *pourrr* que j'appelle ça
un événement....Moi tu sais, tu me connais, j'aime le public...
les *Bonplaisirrr*, c'est pas un public ... pour moi!...

Sandra   Ou wè sa tou, c'est ce que je disais a Nicole, men, li pa konprann mwen...

Antwanèt   Comment, Nicole est chez toi?

Sandra   En hen, elle est avec nous pour le moment...

Antwanèt   Passe la moi...

Sandra rele Nikòl pou Antwanèt. Nan konvèsasyon an, medam yo deside pat gen anyen de bon ki tap pase nan Miyami, ke maryaj Gaston an se yon seremoni mèsbas, ke de Tika ki al nan kwazyè sa se yon frekansite ki pa merite mansyone, kidonk, gen plis afè Sarasota kote yon bo tip ki vin nan kòtèj Jera Depadye a te mande Antwanèt si li lib aswè a... Sandra ak Nikòl twouve galantri sa a tantan, yo toulede te deside fè yon rive Sarasota al wè Antwanèt.

Yo kite Pòl pou akonpaye timoun yo nan maryaj la. Pòl te byen kontan gen lapè ak medam yo, li al mennen yo ayewopò pou y al nan pwogram Depadye a...

* * *

Retou Tika ak Ti Jan pase tou senp, Tika gen tan tounen, li jwenn tout kay byen fre, Edit te netwaye pou li. Tout bagay pare pou maryaj.

Jou maryaj la, sa vle di nan demen, Pòl rive byen bonè, se li ki parenn nòs. Lafami Magarèt rive, yo desann nan lotèl nan kafou a. Timoun Tika yo, ak pa Nikòl yo ak pa Sandra yo ap jwe ansanm. Telefòn nan sonnen, se Solanj ki rive ayewopò, li di l ap pran yon taksi, pèson moun pa bezwen deranje yo. L ap ranje ak Iv ak AnaMaria ki ap nan ayewopò a tou sot Kalifòni. Tout moun ki vle la, yo ap la...

KalAnri, mari Antwanèt la, pa ka vini, li okipe ap regle bagay serye jous Chikago. Anòl, mari Nikòl la, an vwayaj. Li kouri fè yon rive Anayiti paske gen yon moun ki ofri l yon pòs depite san li pa bezwen fè kanpay. Li te di si sa pase byen, li ka gen tan vin nan nòs la...

Yon moun ki ta renmen la, men ki pap la, ki jous Anfrans, se Dyedone, pitit deyò GwoSonson Bonplezi a, kidonk frè mesyedam yo tou... Msye toujou renmen vin nan aktivite fanmi an lè li kapab men, li pat gen tan konn sa atan... Kidonk limenm al Liz, madanm li, yo te fè konnen ya rele jou nòs la pou salye lèmarye. Dyedone se yon pitit deyò, men li pa janm bliye ki jan Manplezi te kite papa l rekonèt li...Sa se yon chapit apa nou sere pou ou yon lòt jou...nan yon lòt liv.

* * *

Tout bagay pare. Jera te la san di yon mo, se te yon plezi pou li pou li te wè tout moun li renmen yo ansanm... Sa fè l sonje lè li tap deside pran bato a pou l vin isit, ki jan li t ap panse ak fanmi an... Li pat konnen fanmi an te separe an de kan, boujwa ak pa boujwa. Jodi a, boujwa yo pa la...

Solanj rive, se lajwa.

Solanj   Mes amis, mes amis... quel plaisir vous revoir... Mais vous êtes chanceux d'avoir une temperature comme ça...

Iv   *(bon jan ransè)* Aa, machè, Kanada pa fè frèt ankenn, se granmoun w ap granmoun...

AnaMariya   *(ak yon minijip sere pete sou li)* Mira, amorcito, adonde va ser la boda?

Iv   *Aqui, en la casa, aqui mismo...*

AnaMariya   *(li konprann Kreyòl men li pi alèz nan lang Panyòl)* Aqui? Ay, por Diòsito...Entonces, no es una boda.... es un casamiento chiquitito, mas o menos...

Solanj   *(ak yon emosyon sensè)* Mes amis, Tika, dat nou pa wè, kote fiyèl mwen? Kote Jera? *(li mete Jera ak Edit sou kè l ansanm, li pa vle lage yo)* Oo, mon frèr, frè m nan... O Edit, gade moun mwen yo, non.... Mwen kontan wè nou, wi... Ala yon jou espesyal en.... Iv, kòmanse fè videyo a pou mwen... Ce sont des souvenirs precieux... *(dlo ap kouri nan je l)*

Tika   Stiv la a, wi, l ap vini, wi. L al fè kèk komisyon pou mwen... Si ou wè l, li fin gran... Li prale wi, l ap pati semèn pwochèn nan... Li pral Avad...

Edit   *(soti nan bra Solanj, l ap gade l ak atansyon)* Solanj, ki nouvèl?

Solanj   *(ap souke tèt li san rete)* Oo, mezanmi, sa se yon rèv, gade Edit. Men, Edit ou vin pi bèl toujou en, gade, gade, Mais Edit tu es un charme... On m'a parle de tout ce que tu fais pour les Haitiens d'ici... Ma chère, je te félicite...Gérard aussi fait des merveilles, hen?

Jera rete ap gade Solanj an silans... L ap panse.

Edit   N ap boule. M ap degaje m... Jera ap boule
tou, nou santi nou gen yon misyon pou nou pouswiv isit nan
Miyami an, n ap pouswiv li ...

Solanj   Pòl, kote Sandra?

Pòl   O, li pa isi. Li te gen pou l al yon kote ak
Nikòl...

Solanj   *(li konprann la menm)* Oh, je vois...

    Depi tan m pale w la, tout moun ki pou la gen tan
rive. Solanj ap plede gade Jera, se pa de kontan Solanj
kontan wè l, Stiv gen tan tounen... Ti Jan la, tout bagay pare,
tout moun reyini nan salon an ap tann ofisye deta sivil la vin
fè maryaj la... Menm Anòl gen tan rantre sot Ayiti, li pa
jwenn dyòb la. Moun ki te fè l òf la nan kache kounye a, ki
fè l ap retounen fè taksi l san pwoblèm nan Nouyòk. Epi, li
pat pi bezwen dyòb depite a pase sa... Si se te yon dyòb
minis, petèt!...

Pa betize!....

* * *

    Maryaj la selebre. Tou senpleman. Fanmi Magarèt
yo te la, yo te patisipe ak amitye timidman. Papa Magarèt te
leve vè li, li te di:

Papa Magarèt   To the joy of Margaret and Gaston.
May God bless you. May God bless all of us.

Manman Magarèt ak tout de frè Magarèt yo te patisipe nan tout bagay. Yo te mande tradui pou yo lè yo pat konprann. Yo te di konsa, yo ta renmen wè tout moun reyini lakay yo Owayo pou krismas.

Fanmi an te pase yon bon moman ansanm... Resepsyon an te tankou yon bifè, tout moun te sèvi tèt yo. Papa Magarèt te al ede Tika nan kuizin nan, manman an te ret ap pale de penti ayisyen ak Pòl. Ti granmoun nan te enteresan, li di Pòl li ta kontan anpil si Magarèt ak Gaston te deside fè timoun:

Manman Magarèt   We would cherish these assorted chocolates... I love mix race kids, they are the future of the world unity...

Pòl   You will be a lovely mother in law... How should I call you?

Manman Margarèt   Please call me Dee... I have 7 grandchildren and, thanks to them, most peple call me Nana... and I love it too...

Se konsa, Gaston ak Magarèt marye. Lè aswè rive, tout moun tounen lakay yo, Gaston ak Magarèt al rekondui fanmi Magarèt yo nan lotèl la.

Tout moun fin ale. Kay la gen tan pwòpte. Edit, Jera ak Ti Jan, tout te met men ansanm... Tika resi pral lonje pye l pou l reviv bèl pwogram nan kwazyè a...

Se konsa li fè yon dènye gade nan kizin nan epi li wè yon mesaj sou kontwa a. Mesaj la di Ayiti te rele, rele moun lakay li yo tousuit, se ijan.

Li rele. Lè li rele, li aprann manman l mouri yèreswa. Sa se yon kout jilèt pou Tika ki fèk te sòt pase yon bon moman nan lavi l. Sa fè l lapenn anpil ke pandan li tap danse sou bato a, manman l ta p mouri...

Ala de lavi!

CHAPIT 14

Lanmò Tisiyad

Tika pran avyon de jou apre, li rantre Ayiti. Sa te fè kenzan depi li pat rantre, li twouve peyi a etranj. Nan ayewopò a, GwoSonson ak Manplezi te vin chache l, yo te gen tan pare yon djip pou mennen l Dèyè Lagon. Se la li moun, se la manman l ap antere. Tika pat pare pou sezisman sa a, ki fè, li poko menm kriye menm. Anvan l pati li anyik kite tout bagay sou kont Ti Jan epi li met deyò. Li pa menm gen tan fè makèt, li pa gen tan achte anyen pou Stiv ki pral Avad la...

Se lè li rive Dèyè Lagon li reyalize se nan lanmò li vini. Kou l rive, premye rèl la pati...

Rèl No 1   Mezanmi oooo! Men Tisya, men Tisya, se lanmò manman m vre ki pou ta fè w vini, men Tisya, manman, men Tisya wi, manman oooo!

Tika   O, Anayiz, apa ou, Ana nan ki sa nou ye la a, Ana?...O, Beniswa, apa ou, mezanmi Beniswa! Beniswa! Kenbe m Beniswa!...

Se tankou Tika pa t janm pati, pat janm kite Dèyè
Lagon... Tankou, tout ane li te fè ap etidye Pòtoprens, tout
ane li ap viv Ozetazini an, tout sa se rans... Tika tounen
Tisya....

Beniswa   Se konsa, wi, granmoun nan te la a byen
pwòp, epi li tonbe pip, l ale. Se ou nou t ap tann pou nou
antere l. Pa gen mòg, ou konnen, se ak ti glas nou kenbe l...
Se ou nou tap tann pou nou antere l...

Tout lafami Tika reyini, tout moun, abiye tout an
nwa, delatètopye, tout moun ap vanse ansanm pre sèkèy la...

Lè Tika rive devan sèkèy la, rèl pran pati.

Tika   *(tankou l ap chante)* Anmwe, anmwe,
mezanmi men chè manman m nan ale. Anmwe, sa m wè la
mezanmi!... Anmwe! Manman? Ou pa ban m tan pou m gen
tan fè anyen pou ou, Manman...!

Rèl No 1   *(ap fè bas)* Woy, woy, kenbe m! Woy, woy,
se pa jodi a manman m ap mande pou ou Tisya, woy, woy!
Kenbe m mezanmi...

Rèl No 2   *(kontrebas)* Manman! Ou devan, nou dèyè...
Manman! Nan ki sa ou kite nou la a? Manman! Nan men ki
moun ou kite nou la a? manman...!

Rèl No 3   *(an ritounèl)* Woy, woy! Ann mare vant nou
sere mezanmi! Woy! W ale, w ale, w ale! Mezanmi, mwen
pa kapab ankò, non! Woy, woy, woy...!

Rèl No 4   *(vwa l tou anmwe)* Mezanmi pa kriye, non,
mezanmi! Granmoun nan se te yon moun ki te toujou ge, li
te toujou di li pa vle moun kriye pou lanmò li. Ann chante
pito:

"De de, de titit,
De manman, ki manman?
Manman pòy. Ki pòy?
Pòy nan bwa. Ki bwa?
Bwa gayak. Ki gayak?
Gayak jòn. Ki boyo?
Boyo nan bwa. Ki bwa?
Bwa gayak, oooo

Ki gayak?
Gayak jòn o o o o

Pwonpwonp? Chi!
Pwonpwonp? Chi!

Ala traka pou Anatòl
Yon gèp panyòl
Bobo l nan dyòl
Etan l ap keyi yon kowosòl ooooo.

Pwonppwonp? Chi!
Pwonpwonp? Chi!"

                      Pa mande m tradwi...

                  * * *

Kòb Tika pote a gen tan dechèpiye. Moun yo al fè mache. Yo bwote konbyen dyakout manje... Popilasyon Dèyè Lagon an kanpe sou deran pou l patisipe nan kokenn chenn bèl antèman Tisya bay manman l. Kleren vide, Tafya koule... Popilasyon Dèyè Lagon sou kou pipirit... Ala bèl lantèman papa! Se mal viv, byen mouri.

Pandanstan an, Anayiz ak Beniswa sèl chèf kanbiz: bonkou kleren, kafe, kola, chokola peyi ak biswit gwo mit aladispozisyon tout vizitè, pou tout moun kap pase. Tout moun se fanmi...

Lanmò se banbòch...

Kochon yo te touye maten an gen tan fini, kabrit la fini tou, se yon bouyon tèt kabrit ki sou dife kounye a... Se lanmò, se banbòch!... Tout moun ap di ala yon gwo lantèman, ala yon bèl lantèman... Se konsa pou yon moun byen mouri...

Rèl No 2   Lamèsi, Lamèsi ooo, vin kenbe rèl la pou mwen, manje a pare, li lè pou m al separe l...

Lamèsi vini, li pran rèl la, li pran larelèv. Mesye yo menm, yo kontinye ap pran plezi yo. Genyen kap jwe kat, sa kap jwe bezig, sa kap jwe domino...

Tout moun manje, tout moun manje vant plen. Tout popilasyon an manje sou tèt fanmi an jodi a... Moun ki pat ka vini nan seremoni pè savann nan te fè a, te vini anvan osnon apresa. Gen moun ki vini nan touletwa veye yo... Tout moun te met bèl rad pwòp yo sou yo pou yo te vin fè yon pase wè

Tisya. Medam yo te vini an blan osnon an nwa, ak bèl moso mouchwa blan mare tèt yo.

Bondye fè tou, kay la te pare pou sa, Tinason te bale, li te wouze ak bonkou bazilik... Bèl dra blan Tisya te pote yo byen bèl sou kabann yo...

Moun gen pou kontinye vini vizite fanmi an jous nan dènye priyè. Men Tisya limenm, fòk li tounen laba, li pa ka rete twò lontan deyò...

Men pandanstan an, rèl la ap kontinye, resepsyon ap kontinye. Se yon lantèman ki yon banbòch tou. Granmoun nan ale san bri san kont. Li di lasosyete orevwa anba yon ti farinay lapli...

* * *

De jou apre, Tisya kage sou chèz pay manman l te konn chita a, l ap kontanple mòn nan ki devan je l la... L ap pare pou l ale. Li tande yon vwa kap rele l anba mòn nan, se Madan Sovè...

Dat li pa tande moun rele l Tisya!

* * *

Tika fin pare pou l retounen laba. Li pral repran djip la pou l rantre Pòtoprens talè konsa. Pou li, se tankou yon rèv, sot nan kwazyè, vin Dèyè Lagon. Lavi a elastik papa! Epi l ap panse ak Stiv ki pral Avad, ki pral kole fwote ak pitit moun lawot sosyete meriken an... Li kouche sou yon nat, l ap pran yon dènye ti van sou galri kay manman l nan... Li pa

konn si li va janm retounen la a ankò. Gen ti nyès li a, Asefi,
ki pa janm ale lekòl, kap grate pye l pou fè l dòmi. Gen ti
neve l Tinason kap fè van pou pouse mouch ak moustik.
Tout moun ap okipe Tika, tout moun ap ba li yon dènye
atansyon. Pou yo, li se yon pakèt afè, se li sèl nan fanmi l ki
te ale lekòl Pòtoprens, ki te marye ak yon *grannèg bwavèna*
ki te desann bakaloreya. Epi ki te pati... Pitit li se Ameriken,
limenm, li fè l sitizenn, siman...

Se li sèl nan fanmi an ki te pati... Se li ki tèt fanmi an...

Ala de lavi!

CHAPIT 15

Ladènyè

Sa fè yon semèn depi Tika tounen Miyami, li poko reprann sans li paske se pandan l pa la a Stiv te pati al Avad, li pat la pou l te wè pitit gason l lan pran wout lavi a... Sa fè l on ti jan chagren... met sou lanmò a...Oo, Sen Jid papa! Men, Stiv se yon pitit espesyal, li te kite yon lèt pou li, Tika li lèt la menm douz fwa deja:

Dear Mom,

I never thought you wouldn't be here today. Because you have always been present and have made everything happened, I never thought I would be packing without you.

I understand the circumstances and I also realize that I am a man now and it's my turn to make things happen, for me and for you too.

Let me say before leaving that you are the most wonderful mother in the world and you have contributed immensely in making my life, our family life, a special experience.

I am proud of you. I am also proud to be born from Haitian parents. It's something special to be Haitian American and you have given this pride to me. I believe that I know everything about you and about dad and I have great admiration for you all.

Je suis fier d'être Stiv Bonplaisir et je pars pour Harvard avec un rêve immense que j'hérite de votre fierté et de votre simplicité. Je connais tes attentes, je connais les attentes de mon père. Mais ne t'inquiète pas, mes attentes vont dans le même sens: Je pars pour réussir et je réussirai.

Mwen ta renmen ou la a, jodi a, mwen ta bo w, mwen ta di w ki jan mwen renmen w. Mwen konnen si ou te la, ou t ap pran tout traka fè malèt la, men, mwen ak papa m, nou fè malèt yo, nou ranje tout bagay. Se yon bon bagay ou pa la tou, konsa, mwen pran tout responsabilite m pou kò m. Mwen pare pou sa. Ou te pare m pou sa tou.

M ale. Mwen renmen w anpil. Kite chanm mwen an konsa, pa ranje l, m ap tounen nan twa mwa.

Love you dearly,

Stiv

The Bonplezi Characters

1. Gaston Bonplezi, Gwo Sonson, papa mesyedam yo. Moun Miragwàn, ofisye deta sivil. Li rete nan Bwavèna, zòn klas mwayenn nan Pòtoprens la. L ap viv Pòtoprens.

2. Man Plezi, madan Gaston Bonplezi, Marie Lucie Simon, manman mesyedam yo. Li te gen Lekòl Menajè nan Bwavèna a. Li rete Pòtoprens, li konn ale vizite pitit li yo laba, Ozetazini.

3. Ti Jan, Jean Bonplezi, pi gran an. Ouvriye. Li marye ak Kamèn Jozèf, Tika. Yo fè twa pitit, Stiv, Janèt ak Joslin. Tika se sèl moun ki soti andeyò nan fanmi an. Stiv pral etidye lamedsin nan inivèsite Avad. Fanmi sa a ini anpil. Yo rete Miyami.

4. Gaston Bonplezi Jinyò, Gas, patriyòt ak anpil konsyans sosyal ki twouve marye ak Magarèt ki se yon Ameriken blan edike. Magarèt renmen Ayiti ak ayisyen anpil. Yo rete Miyami. Yo pako gen timoun.

5. Solanj, avoka, selibatè. Moun senp, san pretansyon ki ta renmen marye, gen pitit. Li rete Monreyal, Kanada. Li renmen tout moun nan fanmi an.

6. Jera, pwofesè lekòl ki pat janm vle kite Ayiti men ki vin reziyen l pran bato ak madanm li Edit ki se yon pwofesè lekòl tou. Yo gen sis pitit. Yo pèdi twa. Yo se moun senp, san pretansyon epi ki kwè nan edikasyon pou tout moun. Fanmi sa a ini anpil tou. Yo rete Ayiti, y ap rantre vin Miyami.

7. Nikòl, Nik, Nikki, Tififi, enfimyè kap travay di nan
    Nouyòk. Marye ak Anòl Gaspa, ansyen depite Anayiti
    ki chofè taksi nan Nouyòk. Toulede se moun sipèfisyèl
    ki renmen fè wè. Yo pa janm lakay yo. Yo gen yon pitit
    fi ak yon ti gason. Fanmi sa a pa gen anpil lanmou
    antre yo. Bonè yo se nan fè wè. Yo rete Nouyòk.

8. Pòl, doktè. Moun senp, san pretansyon ki marye ak
    yon ayisyèn arab ki soti nan lelit komèsyal Pòtoprens
    la. De moun sa yo opoze nan karaktè. Yo gen twa pitit
    fi, Ingrid, Sofi ak Soraya. Sandra, madanm li, gen tout
    kalite prejije klas sosyal. Fanmi sa a gen lanmou antre
    yo, men, yo toujou nan hingjang. Yo rete Miyami nan
    katye rich. Fanmi Sandra, moun Maneli yo, gade moun
    Bonplezi yo kòm ayisyen raz.

9. Antwanèt, Kòkòt. Modèl, aktris ki ap jwi lavi monden
    an epi ki elwaye l de fanmi l. Li gen anpil lajan. Li
    marye ak Anri Klod ki gen gwo pòs nan administra-
    syon leta Chikago. Yo monden anpil, yo pa mele ak
    Ayisyen pòv. Yo viv ak vanite. Yo gen yon pitit gason,
    Akim. Gen plis mativi pase lanmou nan fanmi sa a. Yo
    rete Chikago.

10. Iv, dènye pitit Gwo Sonson ak Marilisi. Lap viv ak
    Anamariya, yon Pòtoriken. Li se yon bon vivan, san
    konsyans sosyal, san pwoblèm. Limenm ak dam li an
    yo tankou de ipi. Yo pa gen pitit. Yo rete Kalifòni. Yo
    pa gen timoun.

11. Dyedone, pitit deyò Gwo Sonson ki grandi ak
     timounmadan marye yo. Depi lontan li pati, li rete
     Anfrans ak madanm li, Liz ki se yon fransèz. Yo gen
     de timoun.

Ki sa moun panse de Lafami Bonplezi?

This is the most powerful and realistic Haitian Creole novel I have ever reviewed. The atmosphere is created masterfully and the reader becomes a participating witness in the tragedies and the excitements of that family. You will never want to miss a second of it.

-Allan Reese

Se premye fwa mwen li yon liv ki pale de Ayisyen fenebyen konsa. Mwen wè tèt mwen nan liv la, mwen rekonèt moun mwen konnen ladan l tou. Mwen renmen estil Maude la, li kenbe m sou tansyon toutan, jous nan dènyè paj la. Toujou gen yon aksyon sanzatann ki ap pase. Liv sa a, se sa nèt. Yon moun ki li li gen pou l pase yon bon moman. L ap relaks epi l ap aprann anpil bagay tou. Ou gen pou ou anvi reli l ankò. Kanmenm.

-Wowo Bontan

It's a lively novel. It has renewed my ties with Haiti and the Haitians.

-Pat Larson

Depi lè Maude pale m de pwojè Lafami Bonplezi sa a, sa te eksite m paske m te wè l gen anpil valè. Nan liv sa a, ou kontre tout kalite Ayisyen. Liv sa a trese lavi Ayisyen nan Etazini ak Ayisyen lakay yo. Si ou kòmanse li li, ou pa andwa mande rete.

-Edouard Jean-Pierre